SEWING HARUE 17

처음 배우는 소잉

가방과
파우치 26

HANDIS

# Prologue

[소잉 하루에] vol.17에는 다양한 스타일의 가방과 파우치를 담았습니다. '어떻게 하면 소잉을 처음 접하는 사람들도 쉽고 간단하게 만들 수 있을까?' 거듭 고민했으며, 원단과 부자재 하나하나 꼼꼼히 골라 만들었습니다.
이제, 책장을 넘겨 세상에 하나뿐인 나만의 가방을 만들어 보세요.

# Contents

| | |
|---|---|
| Prologue | p.002 |
| Contents | p.004 |
| Index | p.006 |
| Theme 1  처음하는 소잉 | p.008 |
| Theme 2  재미있는 소잉 | p.026 |
| Theme 3  자신있는 소잉 | p.046 |
| Epilogue | p.066 |
| Sewing tip | p.068 |
| How to make | p.080 |

# Index

| | no.01 | no.02 | no.03 | no.04 |
|---|---|---|---|---|
| **Theme 1   처음하는 소잉** |  |  |  |  |
| | 스트링 파우치(S,L) | 양면 에코백 | 숄더백(S,L) | 핸드폰 파우치 2종 |
| | 010 / 082 | 012 / 083 | 014 / 084 | 016 / 085 |
| | C / 01 | A / 02 | A / 03 | C / 04 |

| | no.09 | no.10 | no.11 | no.12 |
|---|---|---|---|---|
| **Theme 2   재미있는 소잉** |  |  |  |  |
| | 빅 포켓 토트백 | 런치백 | 리본 에코백 | 삼각 클러치(S,L) |
| | 028 / 092~093 | 030 / 094~095 | 032 / 096~097 | 034 / 098~099 |
| | C / 09 | A / 10 | B / 11 | D / 12 |

| | no.18 | no.19 | no.20 | no.21 |
|---|---|---|---|---|
| **Theme 3   자신있는 소잉** |  |  |  |  |
| | 스트링 백팩 | 버킷백 | 리본 파우치 | 3way백 |
| | 048 / 110~111 | 050 / 112 | 052 / 113~114 | 054 / 115~116 |
| | B / 18 | C / 19 | D / 20 | A / 21 |

작품명
화보페이지 / 제작 설명서
패턴 면수 / 패턴 번호

아이템의 사진과 아이템의 화보가 실린 페이지, 일러스트 제작 설명서의 페이지, 그리고 아이템의 패턴이 있는 면수를 게재하고 있습니다. 이 페이지에서 작품을 한눈에 보고 제작 설명서와 패턴을 쉽게 찾아보세요.
본 서적에 사용된 원단은 심플소잉(http://www.simplesewing.co.kr), 패션스타트(http://www.fashionstart.net) 에서 확인하실 수 있습니다.

no.05
배색 파우치
018 / 086~087
C / 05

no.06
가방 커버 토트백
020 / 088
C / 06

no.07
크로스 미니백
022 / 089~090
D / 07

no.08
봉지 에코백
024 / 091
A / 08

no.13
크로스백
036 / 100~101
A / 13

no.14
라운드 숄더백
038 / 102~103
A / 14

no.15
주름 토트백
040 / 104~105
D / 15

no.16
멀티 포켓 에코백
042 / 106~107
B / 16

no.17
쇼퍼백
044 / 108~109
B / 17

no.22
2way백
056 / 117~118
B / 22

no.23
프레임 클러치백
058 / 119
D / 23

no.24
여행용 보스턴백
060 / 120~121
B / 24

no.25
탬버린백
062 / 122~123
D / 25

no.26
프레임 백팩
064 / 124~126
A / 26

# Theme 1    처음하는 소잉

이 테마에서는 소잉을 처음 접하는 초보 소어들도 쉽게 만들 수 있는 아이템들을 담았습니다.
차근차근 작품을 만들다 보면 어느새 소잉에 대한 두려움은 사라지고, 한 걸음 더 다가갈 수 있을 것입니다.

# no.01

### 스트링 파우치(S, L)

how to make　p.082
pattern C면

사용 원단 : 20수 옥스포드 더 썸머 이즈 인
구입처 : 패션스타트

작은 물건을 수납하기 좋은 스트링 파우치입니다. 다양한 패턴을 조합하여 톡톡 튀는 느낌입니다. 두 가지 사이즈가 수록되어 있으니 원하는 사이즈를 골라 만들어보세요.

# no.02

**양면 에코백**

how to make   p.083
pattern   A면

사용 원단: 앞판-코카 리넨 테이스트 워싱무지_키나리
뒤판-고이즈미 코튼리넨 내추럴 핀스트라이프_스카이×화이트
구입처: 심플소잉

양면으로 사용할 수 있는 에코백입니다. 옷차림이나 그날의 기분에 따라 두 가지 방법으로 연출할 수 있습니다. 원하는 전사지와 원단을 골라 만들어 보세요.

no.03

## 숄더백(S, L)

how to make   p.084
pattern   A면

사용 원단:(S)-나일론 클레씨_그린
(L)-폴리 알레산드로멘디니 플레이_블랙
구입처:심플소잉

두 가지 사이즈의 숄더백입니다. 소잉 입문자도 쉽게 만들 수 있는 디자인으로, 크기별로 만들어두면 어디서나 편하게 활용하기 좋은 아이템입니다.

# no.04

### 핸드폰 파우치 2종

how to make p.085
pattern C면

사용 원단:(작품1)-소프트 코튼리넨 썸머 플라워 커트지, 코튼 30수 무지 쉬팅_세이즈 그린
(작품2)-30수 코튼 스트라이프, 30수 무지 쉬팅 _화이트
구입처:심플소잉, 패션스타트

핸드폰과 이어폰을 수납할 수 있는 핸드폰 파우치입니다. 끈고무줄을 달아 물건이 쉽게 빠지지 않도록 만들었습니다. 보조 배터리나 충전기를 넣어 다양하게 사용해보세요.

# no.05

## 배색 파우치

how to make    p.086~087
pattern C면

사용 원단 : 30수코튼 베이직 패브릭 스트라이프, 30수코튼 베이직 패브릭 트리, 코카 리넨테이스트 워싱무지_인디고
구입처 : 심플소잉, 패션스타트

벨크로를 달아 간편한 배색 파우치입니다. 아기자기한 프린트 원단으로 만들어 귀여운 느낌이며, 편하게 들고 다닐 수 있도록 끈고리를 달았습니다. 원하는 원단을 골라 배색하여 만들어보세요.

# no.06

## 가방 커버 토트백

how to make   p.088
pattern C면

사용 원단 : 기요하라 리넨 코코치 패브릭 스탠다드 무지_내추럴
구입처 : 심플소잉

가죽 가방 커버가 달린 토트백입니다. 밋밋할 수 있는 리넨 무지원단에 브라운 컬러의 가방 커버로 포인트를 주었습니다. 자석 단추가 달려있어 열고 닫기 간편한 디자인입니다.

no.07

## 크로스 미니백

how to make   p.089~090
pattern D면

사용 원단:20수 옥스포드 더 썸머 이즈 인, 코카 리넨 테이스트 워싱무지_인디고
구입처:심플소잉, 패션스타트

바다를 연상케하는 색상과 프린트 무늬로 시원한 느낌을 주는 크로스 미니백입니다. 입구 부분을 접어 가방을 닫을 수 있는 디자인이며, 여행지에서 간단한 소지품을 넣고 다니기 좋은 아이템입니다.

# no.08

**봉지 에코백**

how to make  p.091
pattern  A면

사용 원단:대폭 30수 코튼 라이크 잇 열매, 대폭 30수 코튼_라이크 잇 플라워

구입처:패션스타트

화려한 프린트 원단으로 만든 봉지 모양의 에코백입니다. 가방끈의 끝을 묶어 어깨에 멜 수 있도록 제작되었고, 단조로운 옷차림에 포인트를 줄 수 있는 멋진 아이템입니다.

# Theme 2    재미있는 소잉

간단한 작품을 만들며 소잉에 대한 두려움을 극복했다면, 부자재를 사용하여 작품을 만들어 보세요.
부자재 사용법을 참고하여 천천히 작품을 만들다 보면 소잉에 더욱 흥미가 생깁니다.

# no.09

## 빅 포켓 토트백

how to make p.092~093
pattern C면

사용 원단 : 코튼리넨 클로제 무지_미네랄 블루, 20수 옥스포드 더 썸머 이즈 인
구입처 : 심플소잉, 패션스타트

가방 앞면에 큰 크기의 포켓이 달린 토트백입니다. 포켓과 손잡이를 같은 원단으로 사용하여 토트백을 더욱 돋보이게 만들었습니다. 가볍게 들어주기만 해도 멋스러운 포인트가 되는 아이템입니다.

# no.10

**런치백**

how to make p.094~095
pattern A면

사용 원단:기요하라 코튼리넨 코코치 패브릭 트윌무지_네이비·머스타드
구입처:심플소잉

입구천을 덧대어 물건을 넉넉하게 넣을 수 있는 런치백입니다. 안에 담긴 내용물이 고정될 수 있도록 끈을 잡아당겨 입구를 꽉 조여주세요. 직접 만든 런치백과 함께 하면 피크닉이 더욱 즐거워집니다.

# no.11

## 리본 에코백

how to make　p.096~097
pattern B면

사용 원단:코튼리넨 26수 클로제 무지_페일핑크
구입처:심플소잉

리본끈 여밈이 포인트인 리본 에코백입니다. 핑크 컬러의 리넨 원단과 리본이 어우러져 여성스럽고 귀여운 느낌을 줍니다. 프린트 원단을 사용하여 만들면 색다른 느낌으로 연출할 수 있습니다.

# no.12

## 삼각 클러치(S, L)

how to make p.098~099
pattern D면

사용 원단:(S)-나일론 클레씨_핑크
(L)-폴리 알레산드로멘디니 페스티벌_인디핑크 · 파티_그레이
구입처:심플소잉

삼각형 형태가 재미있는 삼각 클러치입니다. 독특한 프린트 원단으로 만들면 더욱 특별한 나만의 클러치가 완성됩니다. 두 가지 사이즈가 수록되어 있으며, S 사이즈는 동전 지갑으로 활용하기 좋습니다.

# no.13

## 크로스백

how to make　p.100~101
pattern　A면

사용 원단:코카 코튼리넨 워싱 무지_브라운 블루
구입처:심플소잉

넉넉한 사이즈의 크로스백입니다. 안감에 주머니를 달아 실용성을 더했으며, 손잡이끈의 길이를 길게 만들었기 때문에 숄더백으로도 연출이 가능한 아이템입니다.

# no.14

## 라운드 숄더백

how to make   p.102~103
pattern   A면

사용 원단 : 소프트 코튼리넨 썸머 플라워 커트지
구입처 : 패션스타트

몸판과 어깨끈이 연결된 디자인의 라운드 숄더백입니다. 입구에 끈을 달아 가방을 여밀 수 있도록 만들었으며, 밑 부분에 턱을 잡아 둥근 형태를 살려주었습니다. 휴양지에서 라운드 숄더백과 함께해보세요.

# no.15

**주름 토트백**

how to make　p.104〜105
pattern　D면

사용 원단 : 소프트 코튼리넨 썸머 플라워 커트지, 30수코튼 무지 쉬팅_네이비
구입처 : 심플소잉, 패션스타트

옆면에 가죽 사시꼬미를 달아 포인트를 준 주름 토트백입니다. 주름과 자연스러운 곡선이 어우러져 멋스러움을 더해줍니다. 단색 원단으로 만들어도 예쁜 아이템입니다.

# no.16

**멀티 포켓 에코백**

how to make　p.106~107
pattern　B면

사용 원단:코카 리넨 테이스트 워싱무지_그레이
구입처:심플소잉

물건을 각각 수납할 수 있는 멀티 포켓 에코백입니다. 여러 개의 포켓으로 실용성을 더하고, 가방 둘레를 바이어스 처리하여 포인트를 주었습니다. 와펜이나 라벨을 달아 각자의 개성을 살려보세요.

## no.17

### 쇼퍼백

how to make    p.108~109
pattern   B면

사용 원단:코카 리넨 테이스트 워싱무지_밀크 · 블랙
구입처:심플소잉

손잡이끈과 몸판을 블랙&화이트로 배색하여 심플하지만 멋스러운 느낌의 빅 사이즈 쇼퍼백입니다. 앞쪽에 작은 주머니를 달아 실용성을 높였습니다. 평상시뿐만 아니라 여행 갈 때도 활용하기 좋은 아이템입니다.

Theme 3  자신있는 소잉

이번 테마에서는 난이도 있는 아이템들을 소개합니다. 다양한 부자재 사용과 입체적인 디자인으로,
어렵다고 느낄 수도 있지만 차근차근 제작 방법을 따라 완성한다면 더욱 자신감이 생길 것입니다.

# no.18

**스트링 백팩**

how to make p.110~111
pattern B면

사용 원단 : 폴리 알레산드로 멘디니 페스티벌_그레이, 기요하라 코코치 패브릭_브라운
구입처 : 심플소잉

---

외출할 때 가볍게 메기 좋은 스트링 백팩입니다. 앞면에 빅 포켓을 달았기 때문에 소지품을 수납하기 좋습니다. 단색 원단과 프린트 원단 두 가지로 만들어 활용해보세요.

# no.19

## 버킷백

how to make p.112
pattern C면

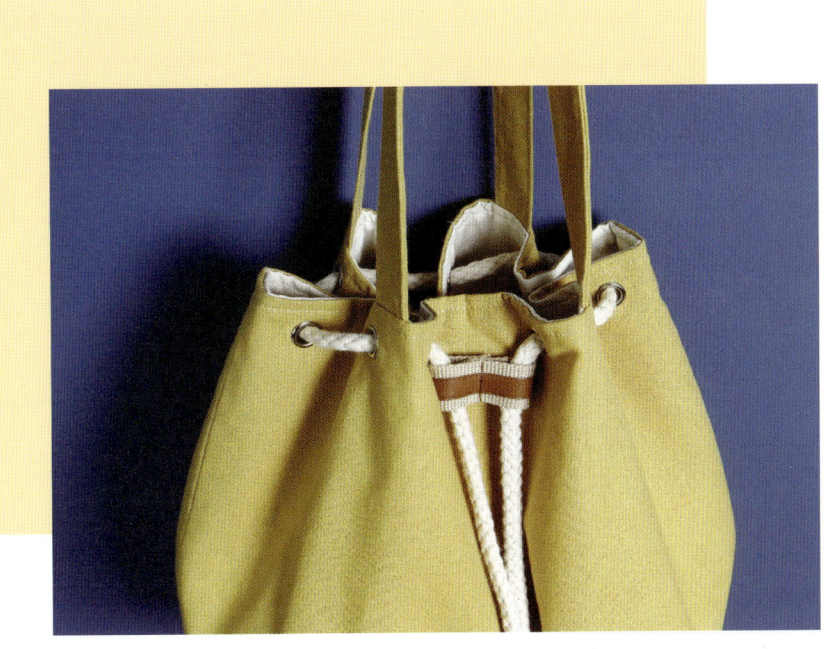

사용 원단 : 코카 리넨 테이스트 워싱무지_옐로우
구입처 : 심플소잉

복주머니 형태의 버킷백입니다. 스트링끈과 스트랩 홀더를 조절하여 입구를 편하게 열고 닫을 수 있으며, 가죽 장식의 웨이빙끈을 사용하여 심플한 디자인의 버킷백에 포인트를 더해 주었습니다.

# no.20

## 리본 파우치

how to make   p.113~114
pattern D면

사용 원단:소프트 코튼리넨 썸머 플라워 커트지
구입처:패션스타트

끈으로 몸판을 감싸 여미는 리본 모양의 파우치입니다. 몸판 양옆에 주름을 잡아 리본 형태가 자연스럽게 잡히도록 만들었습니다. 특별한 날엔 클러치백으로도 활용해보세요.

# no.21

## 3way백

how to make　p.115〜116
pattern　A면

사용 원단:기요하라 코튼 코코치패브릭_오트밀 · 베이지
구입처:심플소잉

토트백, 클러치백, 크로스백의 세 가지 형태로 사용할 수 있는 실용만점 3way백입니다. 원하는 원단으로 배색하여 만들면 다양한 형태로 활용하기 좋은 나만의 백이 완성됩니다.

# no.22

## 2way백

how to make   p.117〜118
pattern   B면

사용 원단 : 기요하라 코튼 코코치패브릭_오션블루
구입처 : 심플소잉

토트백과 크로스백으로 사용할 수 있는 2way백입니다. 비비드한 청록색 원단과 넓은 폭의 웨이빙끈을 사용하여 캐주얼한 느낌을 줍니다. 몸판에 주머니와 손잡이끈을 달아 실용성을 높였습니다.

# no.23

## 프레임 클러치백

how to make　p.119
pattern　D면

사용 원단:폴리 플라워 송 아네모네_R그레이
구입처:심플소잉

플라워 프린트가 돋보이는 프레임 클러치백입니다. 강렬한 레드 컬러의 플라워 프린트 원단에 골드 프레임을 달아 더욱 화려한 느낌입니다. 색다른 기분을 내고 싶을 때 함께해보세요.

# no.24

## 여행용 보스턴백

how to make　p.120~121
pattern　B면

사용 원단 : 폴리 걸크러시 카모플라쥬_그레이
구입처 : 심플소잉

카모플라주 프린트가 돋보이는 멋스러운 느낌의 여행용 보스턴백입니다. 옆선의 단추를 열거나 닫아 두 가지 형태로 활용할 수 있도록 만들었습니다. 직접 만든 보스턴백과 함께 즐거운 여행을 떠나보세요.

# no.25

## 탬버린백

how to make   p.122~123
pattern  D면

사용 원단:폴리 플라워 송 아네모네 미니R_그레이
구입처:심플소잉

---

둥근 모양의 귀여운 탬버린백입니다. 화려한 플라워 프린트 원단에 브라운 컬러의 부자재로 통일감을 주어 차분한 느낌을 더했습니다. 원피스와 함께 스타일링 해보세요.

# no.26

## 프레임 백팩

how to make　p.124~126
pattern　A면

사용 원단:기요하라 코튼리넨 코코치패브릭 트윌무지_카나리·브라운
구입처:심플소잉

---

입체적인 형태로 수납공간이 넉넉한 프레임 백팩입니다. 입구에 프레임을 넣어 입체적인 형태를 잡아주었고, 착용자의 몸에 맞춰 어깨끈을 조절할 수 있도록 만들었습니다.

# Epilogue

처음, 재봉틀 앞에 앉아 서툴고 어색했던 모습이 생각납니다. 그 모습이 무색하게도 시간이 갈수록 점점 늘어가는 바느질 솜씨만큼이나 재봉틀 앞에 앉은 나는 당당하고 행복합니다. 오늘도 내가 만든 가방을 들고 자신있고 행복한 발걸음으로 외출에 나섭니다.

# Sewing Tip

**1. 소잉의 기본 용어**  알아두면 편리한 소잉용어들을 소개합니다.

- **패턴 그리기**
  원형제도의 한 방법으로, 직선, 직각 등을 안내선이나 등분선 등을 기준으로 완성치수를 그대로 그리는 일을 말한다.

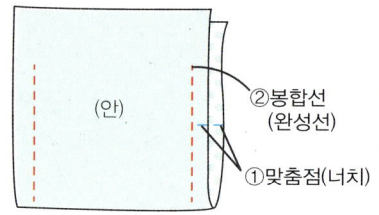

- **맞춤점(너치)**
  2장 이상의 천을 겹쳐 봉합할 때, 서로 뒤틀리지 않도록 맞춤 위치를 표시하는 기호.

- **봉합선**
  원단을 봉합하는 선으로 대부분 완성선과 같다.

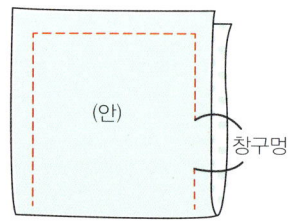

- **창구멍**
  2장의 천을 겉과 겉이 서로 마주 보게 겹쳐 봉합할 때, 겉면으로 뒤집기 위해 위 그림과 같이 봉합하지 않고 남겨놓는 부분을 말한다. 가방 등 안감에 창구멍을 남겨 놓는 일이 많다.

- **샤링**
  작은 폭의 바느질로 만들어 낸 주름.

- **땀**
  봉합땀을 지칭하는 말로써, 주로 한 땀의 길이를 말하고 땀수라고도 한다.

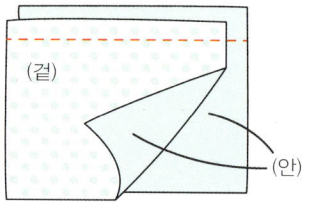

- **안끼리 맞대어(마주 보게) 겹치기**
  2장의 천을 겹쳐 봉합할 때, 천의 겉면이 바깥쪽으로 드러나게 접거나 포개는 것을 말한다.

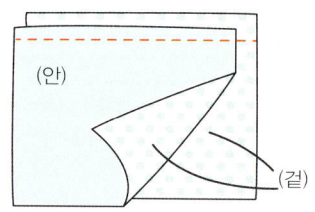

- **겉끼리 맞대어(마주 보게) 겹치기**
  2장의 천의 겉면이 서로 맞닿게 접거나 포개는 것을 말한다.

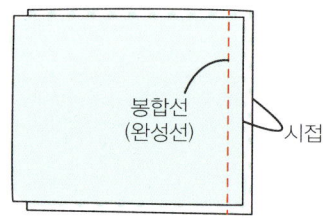

- **시접**
  2장의 천을 봉합하기 위해 완성선에서부터 여분으로 남겨 두는 부분을 말한다.

- **시침질**
  본 박음질 전에 완성선이 뒤틀리지 않도록 가봉하거나 시침핀을 꽂는 일.

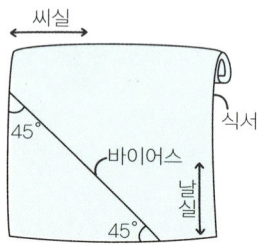

- **바이어스**
  직물의 날실 방향과 대각선이 되도록 비스듬히 자른 천을 말한다. 테이프 모양으로 잘라 사용하는 일이 많다.

- **날실(경사)**
  직물의 세로 방향으로 놓인 실.

- **씨실(위사)**
  직물의 가로 방향으로 놓인 실.

- **요척**
  작품을 제작할 때 필요한 최소한의 천의 폭과 길이. 천의 사용량을 칭하는 말.

- **접착심**
  천의 보강을 위해 다림질로 접착시키는 심지.

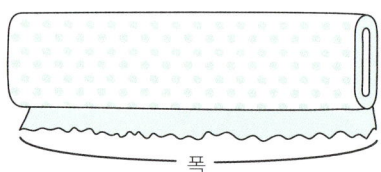

- **천의 폭**
  직물의 짜여진 가로폭을 말하는 것으로, 원단의 끝부터 끝까지의 길이에 해당한다.

- **천의 결**
  날실과 씨실이 교차해서 만들어낸 천의 흐름.

- **완성선**
  완성했을 때 최종적으로 보여지는 선으로, 제도할 때 긋는 선. 보통 두꺼운 실선으로 표현한다. 마감선과 같다.

## 2. 선세탁 하기(정련)

선세탁은 과거에 충분한 가공이 되지 않은 원단으로 옷을 완성할 경우, 세탁 후 심하게 줄어드는 현상을 예방하기 위해 하는 제작 공정이었습니다. 하지만 최근 생산되는 대부분의 원단은 충분한 가공이 되어 거의 수축되지 않으므로, 선세탁 없이 옷을 만들어도 괜찮습니다.

### 2-1. 면과 마의 선세탁

 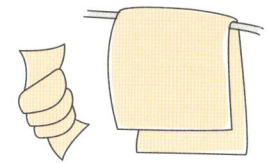 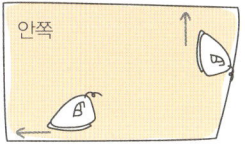

① 충분한 양의 물에 원단을 1시간 정도 담가둔다
② 원단을 가볍게 짜고, 주름을 펴서 말린다
③ 원단이 완전히 마르면 안쪽부터 바깥쪽으로 직조된 올 방향을 따라 다림질한다

### 2-2. 울의 선세탁

  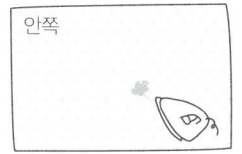

① 원단의 안쪽에서 원단이 충분히 젖을 정도로 고르게 분무기로 물을 뿌린다
② 천을 가지런히 접어서 비닐봉지 등에 넣고 습기가 잘 밸 때까지 1시간 정도 둔다
③ 천을 꺼내서 안쪽부터 바깥쪽으로 스팀을 주어 다림질을 해준다

## 3. 올 방향 바로잡기

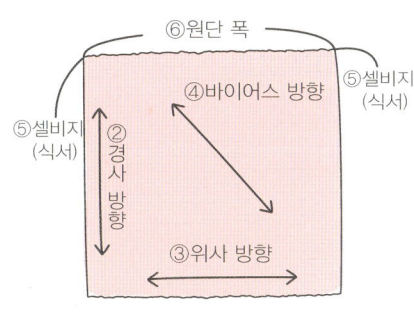

**원단의 세부 명칭**

① 올 방향 : 원단의 씨실과 날실의 짜임을 말합니다.
② 경사 방향 : 원단의 날실(세로실) 방향. 패턴의 올 방향을 나타내는 화살표는 세로 올 방향(식서 방향)을 나타냅니다.
③ 위사 방향 : 원단의 씨실(가로실) 방향. 푸서 방향이라고도 합니다. 세로 올 방향에 비해 원단이 잘 늘어납니다.
④ 바이어스 방향 : 원단의 45도 대각선 방향. 원단이 가장 잘 늘어나는 방향입니다.
⑤ 셀비지 : 원단의 가장자리 부분으로, 좌우의 양 끝을 가리키며 식서라고도 합니다. 촘촘하게 직조되어 있어 실의 올 풀림이 없으며, 원단에 따라서 색상이 다르거나 제조사명이 프린트되어 있습니다.
⑥ 원단 폭 : 원단의 셀비지(식서)부터 반대쪽 셀비지(식서)까지의 길이를 말합니다.

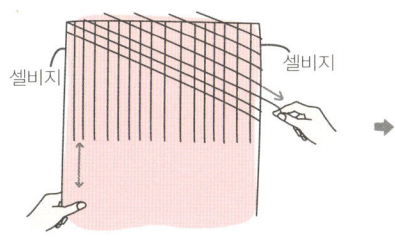 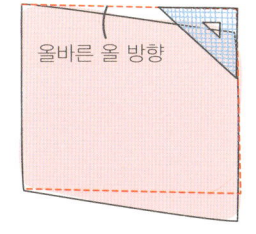 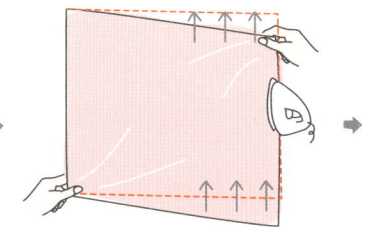 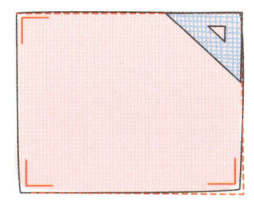

① 씨실 한 가닥을 빼낸 다음, 씨실을 빼낸 선을 따라 원단의 가장자리를 잘라낸다
② 원단의 모서리에 자를 대고 원단이 뒤틀리지 않았는지 확인한다
③ 원단의 방향이 올바르게 되도록 양손으로 원단을 잡아당긴 후, 다림질하여 정리한다
④ 준비 완성

## 4. 제도 기호 보는 방법

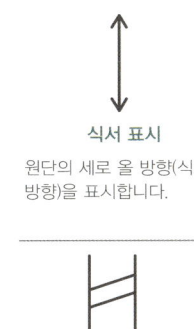

**식서 표시**
원단의 세로 올 방향(식서 방향)을 표시합니다.

**완성선**
작품을 완성했을 때의 선을 표시합니다. 시접이 포함되어있지 않은 경우에는 가장 바깥쪽에 있는 선이 완성선이 됩니다.

**골선**
원단을 반으로 접어 재단할 때, 원단의 접는선 부분에 맞추는 선입니다.

**접음선**
접는 위치를 표시한 선입니다.

**상침선**
장식효과와 더불어 형태를 안정시키는 선입니다.

**다트**
선과 선을 맞춰 봉합하여 형태를 입체적으로 만듭니다.

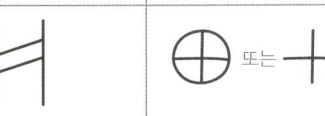     

**턱**
빗금의 높은 쪽에서 낮은 쪽으로 원단을 접어 주름을 만듭니다.

**단추와 크기**
단추 다는 위치와 크기를 나타냅니다.

**단춧구멍과 크기**
단춧구멍의 위치와 크기를 나타냅니다.

**맞춤표시**
2장 이상의 원단을 서로 맞춰 봉합할 때, 원단이 어긋나지 않도록 맞추는 표시입니다.

**개더(주름)**
큰 땀으로 봉제하여 주름을 잡는 부분을 나타냅니다.

**오그리기**
오그려가며 줄여서 봉제하는 부분을 나타냅니다.

## 5. 패턴 베끼는 방법

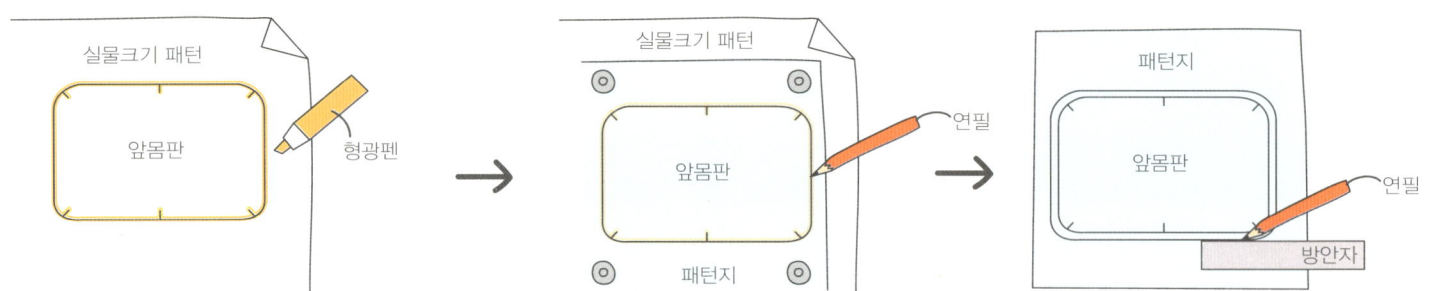

① 각 작품의 만드는 방법 페이지에 기재되어 있는 사용 패턴을 확인하고, 실물크기 패턴 용지(A~D면)를 펼친 후, 필요한 패턴을 찾아 형광펜으로 선을 따라 그린다

② 실물크기 패턴 위에 패턴지를 올려두고 문진으로 움직이지 않도록 고정한 후, 완성선, 맞춤점, 봉합 끝점, 올방향선, 단추 다는 위치, 주머니 다는 위치 등 연필로 빠짐 없이 베낀다

③ 실물크기 패턴에 시접이 포함되어 있지 않을 경우 방안자 등을 사용하여 베낀 패턴지의 완성선에 맞춰서 평행하게 재단선을 그려준 다음, 재단선을 따라 패턴을 자른다

## 6. 재단하는 방법 Tip

▶ 원단 위에 실물크기 패턴을 베낀 패턴지를 올려놓고 재단 배치도를 참고하여 배치합니다.
▶ 소품은 원단의 식서방향에 상관없이 재단이 가능합니다.
▶ 패턴이 움직이지 않도록 시침핀&문진으로 고정한 다음, 몸을 이동해가며 로터리칼이나 재단가위로 재단합니다.
▶ 본 책에 실물크기 패턴이 없는 경우, 재단 배치도의 치수를 참고하여 원단에 직접 제도하여 사용합니다.

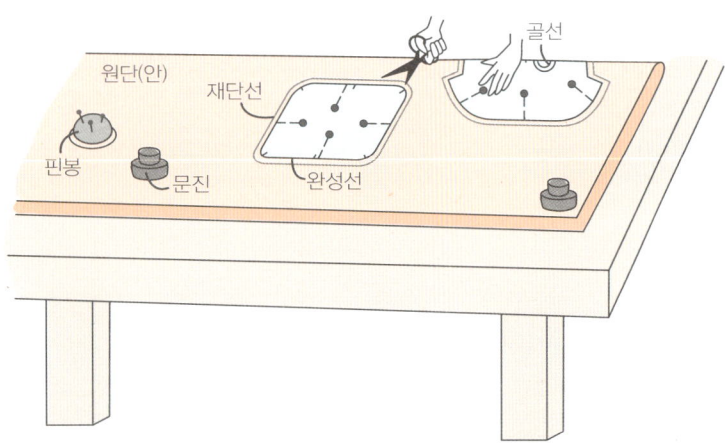

## 7. 원단 종류에 따른 바늘과 실 고르는 방법 Tip

▶ 미싱 바늘과 미싱실은 원단의 종류에 맞춰 사용합니다.
▶ 미싱 바늘은 숫자가 커질수록 바늘의 굵기가 크며, 반대로, 미싱실은 숫자가 작을수록 실의 두께가 두껍습니다.

| 원단의 종류 | 얇은 원단 (노방, 쉬폰, 코튼 론) | 보통 두께의 원단 (30~40수 코튼 리넨) | 조금 두꺼운 원단 (20수 옥스포드) | 두꺼운 원단 (데님, 18호 캔버스) |
|---|---|---|---|---|
| 미싱 바늘 | 9호 | 11호 | 14호 | 16호 |
| 미싱실 | 파인 프라임실 | 프라임실 | 프라임실 | 스티치 프라임실 |

## 8. 솔기 처리 방법 Tip

### 8-1. 가름솔 처리 방법
시접이 한쪽으로 뭉치지 않고 겉에서 봤을 때 평평하도록 양쪽으로 펼쳐 다려주는 방법입니다.

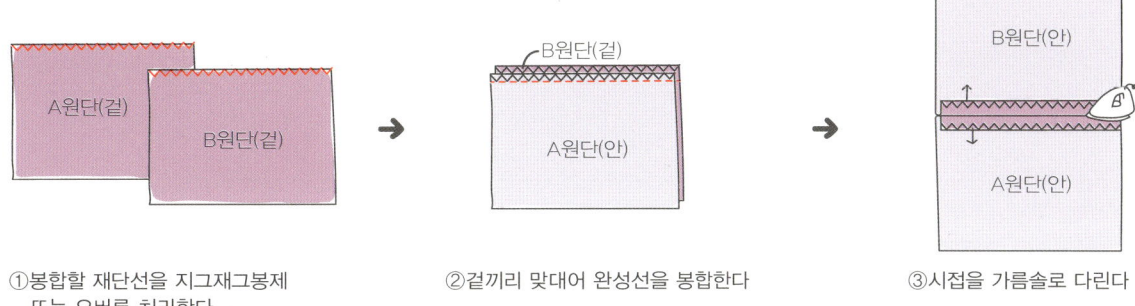

① 봉합할 재단선을 지그재그봉제 또는 오버록 처리한다
② 겉끼리 맞대어 완성선을 봉합한다
③ 시접을 가름솔로 다린다

### 8-2. 시접을 한쪽으로 꺾는 방법
세탁 후에도 안정적으로 깔끔하게 정리하는 방법입니다.

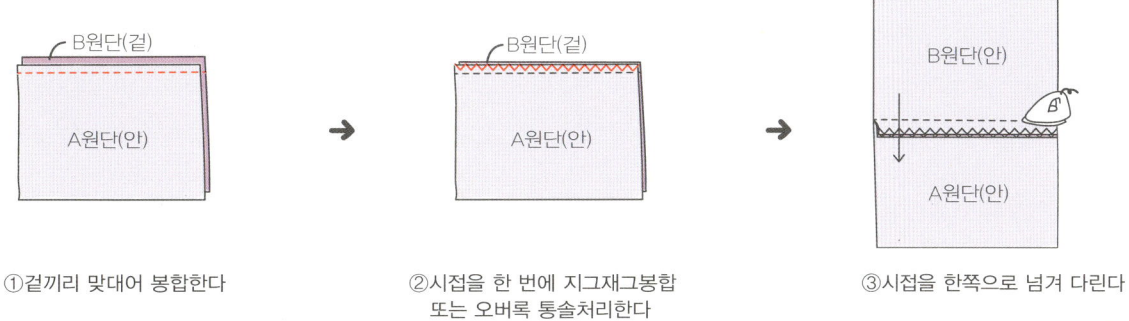

① 겉끼리 맞대어 봉합한다
② 시접을 한 번에 지그재그봉합 또는 오버록 통솔처리한다
③ 시접을 한쪽으로 넘겨 다린다

## 9. 끝단이나 밑단의 시접 처리 방법 Tip

▶ 소맷부리, 밑단에 많이 사용하는 시접 처리 방법입니다.
▶ 상침하기 전에 미리 다림질 해두면 작업하기 훨씬 수월해집니다.

### 9-1. 같은 양의 시접을 두 번 접어 상침하는 방법

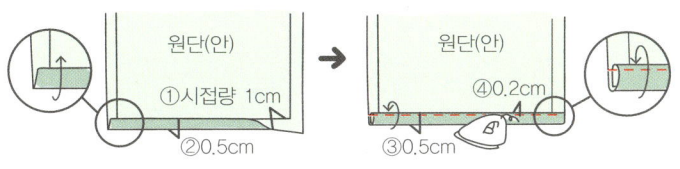

① 시접을 0.5cm 접어 다린다
② 다시 한 번 시접을 0.5cm 접어 다린 뒤 0.2cm 간격으로 상침한다

### 9-2. 지정 치수의 시접을 두 번 접어 상침하는 방법

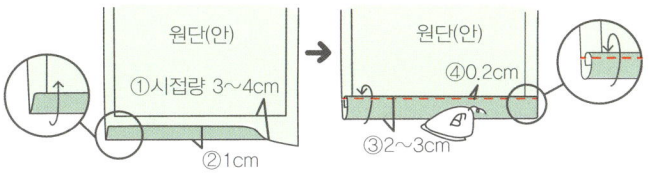

① 시접을 1cm 접어 다린다
② 지정 치수의 시접을 접어 다린 뒤 0.2cm 간격으로 상침한다

### 9-3. 시접 끝을 한 번 접어 상침하는 방법

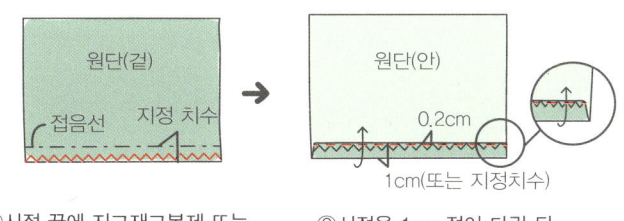

① 시접 끝에 지그재그봉제 또는 오버록처리한다
② 시접을 1cm 접어 다린 뒤 0.2cm 간격으로 상침한다

### 9-4. 새발뜨기

단을 접었을 때 가장자리를 고정시키는 바느질 방법입니다. 주로 두꺼운 원단에 많이 사용하며, 바늘땀이 겉에서 나타나지 않도록 하는 것이 좋습니다.

· 손바느질

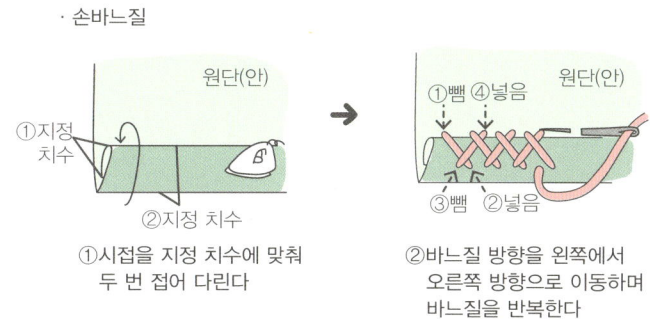

① 시접을 지정 치수에 맞춰 두 번 접어 다린다
② 바느질 방향을 왼쪽에서 오른쪽 방향으로 이동하며 바느질을 반복한다

## 10. 바이어스 길게 만들기

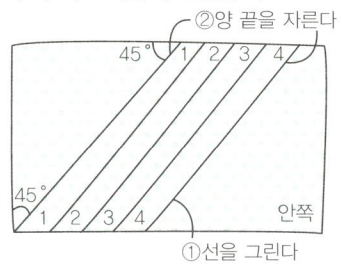

①45도 각도로 필요한 만큼 천에 선을 그은 후, 양 끝을 자른다

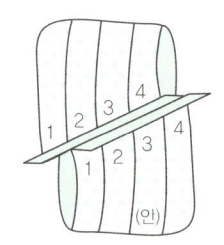

②선이 한 줄씩 밀리도록 맞춰 봉합한 후, 시접을 가름솔한다

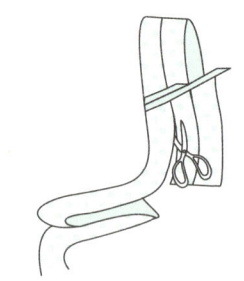

③선을 따라 자르면 긴 바이어스 테이프가 완성된다

## 11-1. 바이어스 만들기

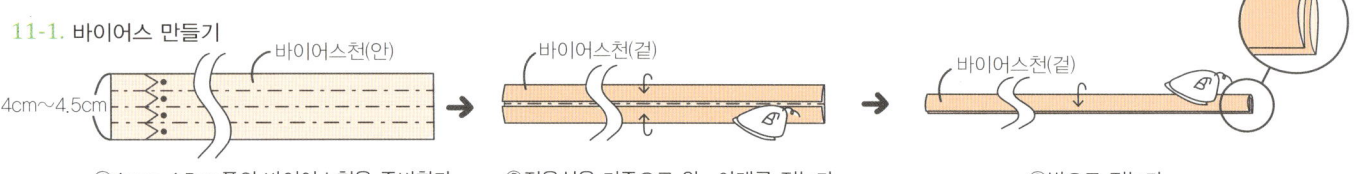

①4cm~4.5cm폭의 바이어스천을 준비한다 　②접음선을 기준으로 위·아래를 접는다 　③반으로 접는다

## 11-2. 바이어스 달기

### 바이어스 달기 A
4겹의 바이어스테이프를 몸판에 바로 감싸서 박음질하는 방법.
(바이어스 처리하는 면이 직선인 경우)

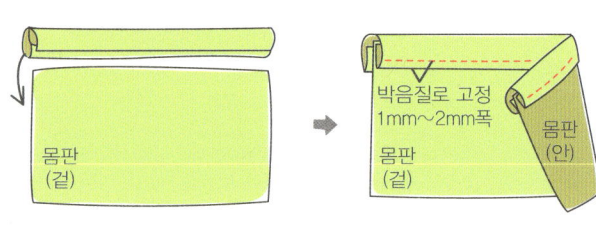

①4겹의 바이어스로 원단의 끝을 감싼 후 시침핀을 이용해서 고정한다　②겉쪽의 바이어스 끝에서 1mm~2mm 떨어진 곳을 박음질로 고정한다

### 바이어스 달기 B
바이어스테이프를 몸판에 봉합한 후, 뒤집어서 상침하는 방법.
(바이어스 처리하는 면이 곡선인 경우)

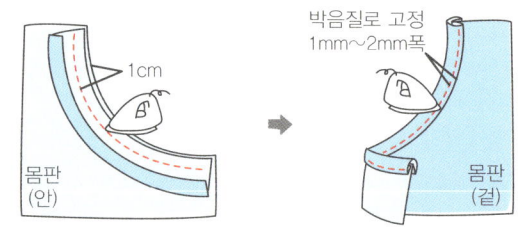

③몸판의 안쪽에서 1cm의 시접으로 바이어스를 고정한다　④바이어스로 원단의 시접을 감싸고 겉쪽의 바이어스 끝에서 1mm~2mm 떨어진 곳을 박음질로 봉합한다

## 12. 안바이어스 만드는 방법과 달기

### 12-1. 안바이어스 만들기

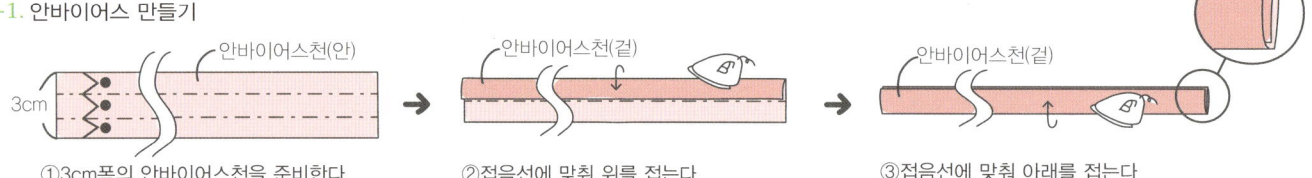

①3cm폭의 안바이어스천을 준비한다　②접음선에 맞춰 위를 접는다　③접음선에 맞춰 아래를 접는다

### 12-2. 안바이어스 달기
2겹의 바이어스를 몸판과 함께 접어 몸판의 안쪽에서 박음질로 고정하는 방법.
(네크라인, 암홀 등 곡선이 큰 경우나 바이어스 안쪽에 끈 등을 넣어 셔링을 만들 경우)

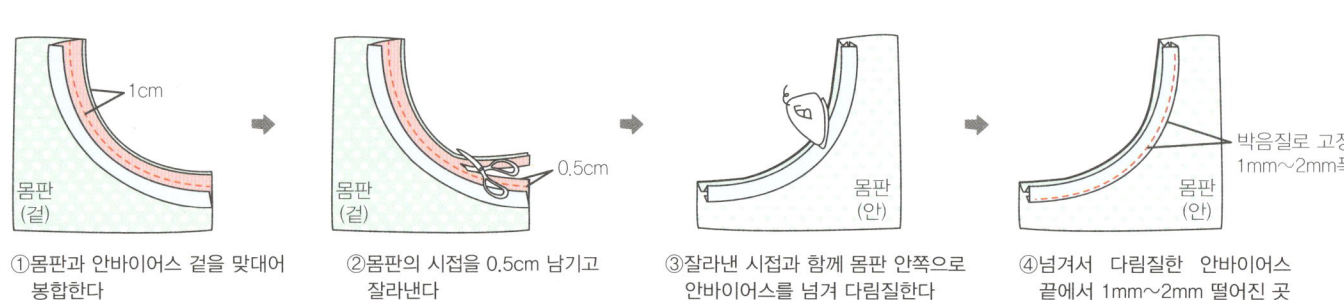

①몸판과 안바이어스 겉을 맞대어 봉합한다　②몸판의 시접을 0.5cm 남기고 잘라낸다　③잘라낸 시접과 함께 몸판 안쪽으로 안바이어스를 넘겨 다림질한다　④넘겨서 다림질한 안바이어스 끝에서 1mm~2mm 떨어진 곳을 박음질로 고정한다

## 13. 기본 손바느질

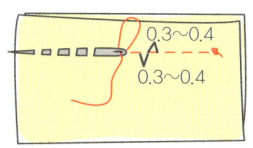 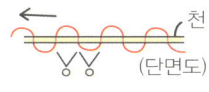 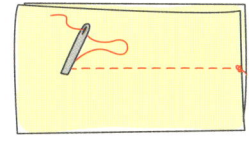 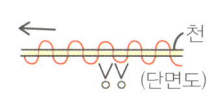 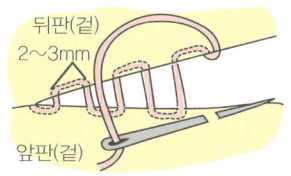

**13-1. 시침질**
손바느질의 가장 기본이 되는 바느질법. 0.3~0.4cm 정도의 바늘땀으로 겉과 안이 같은 간격으로 봉합되도록 한다. 이불과 같은 큰 옷감의 재봉 시 미리 고정해 두기 위해 시침핀 대신 사용하기도 하고, 옷을 가봉할 때 사용하기도 한다.

**13-2. 홈질**
시침질의 바늘땀보다 좀 더 좁게 하는 바느질 방법. 겉과 안의 바늘땀을 0.2cm 정도로 촘촘하게 바느질한다. 박음질보다는 약하지만 간단한 재봉을 하거나 주름을 잡을 때 많이 사용한다.

**13-3. 공그르기**
창구멍을 막거나 겉쪽에서 원단과 원단을 연결할 때 사용한다.

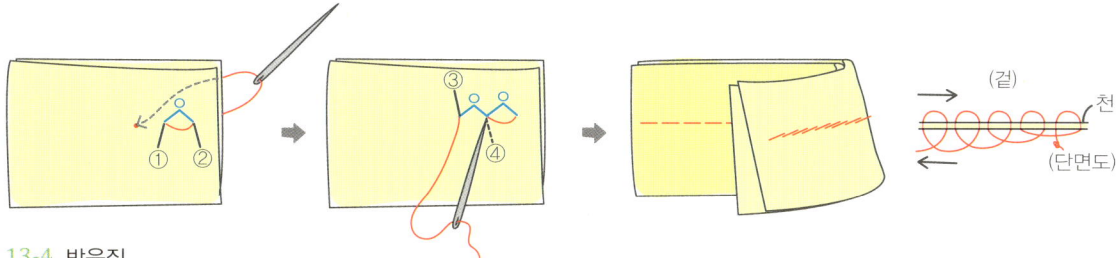

**13-4. 박음질**
손바느질 중 가장 튼튼한 바느질 방법으로, 한 땀씩 되돌아가는 방법으로 진행한다. 천의 겉모습은 미싱의 바늘땀과 비슷하게 보인다.

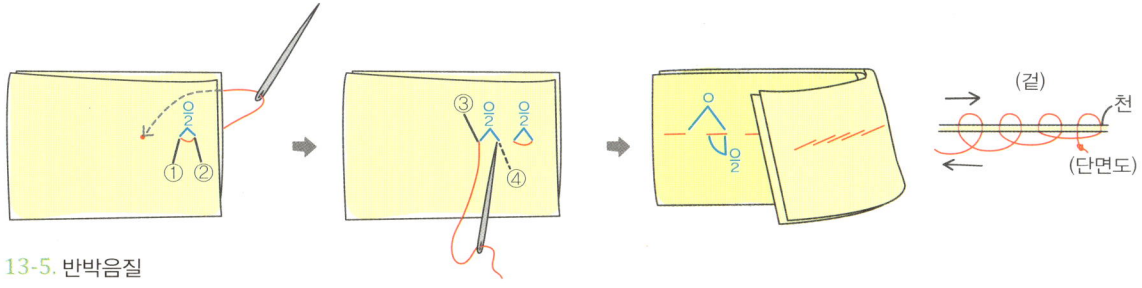

**13-5. 반박음질**
박음질과 같이 되돌아가며 진행하지만, 진행 폭의 절반만 되돌아오는 방법. 겉에서 보기에는 홈질과 비슷하게 보인다.

## 14. 기본 손자수 기법

**14-1. 기본 자수 기법**

A 백 스티치    B 러닝 스티치    C 새틴 스티치

D 아웃라인 스티치

**14-2. 버튼홀스티치**

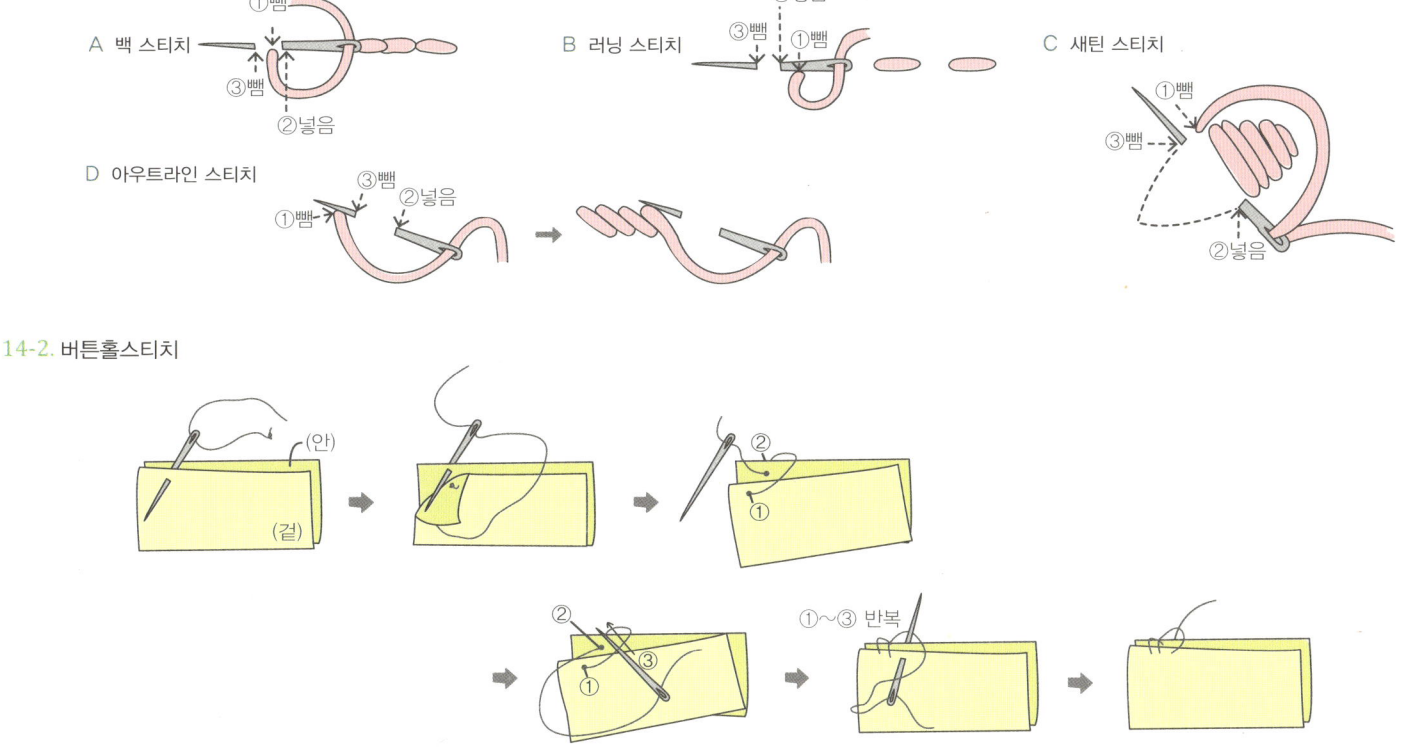

# 15. 금속단추 및 부속 달기

## 15-1. 가시도트단추

★ 겉수놈/안수놈 동일

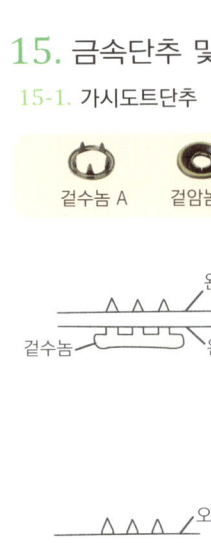

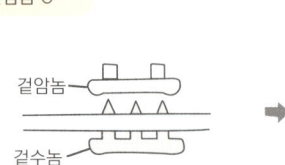  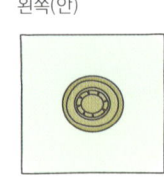

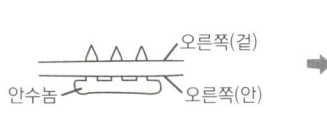 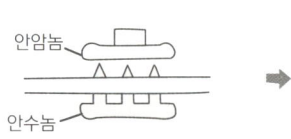 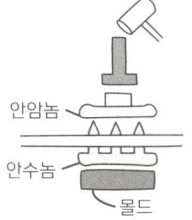 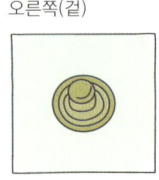

## 15-2. 도트단추

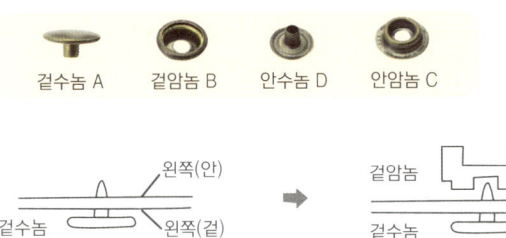

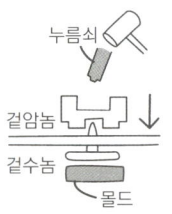 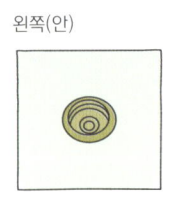

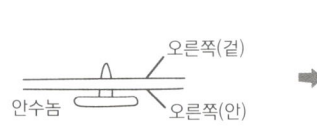 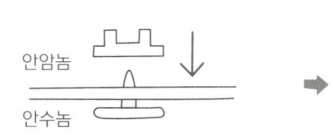 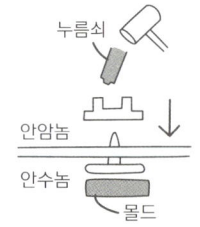 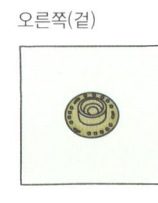

## 15-3. T단추

★ 겉수놈/안수놈 동일

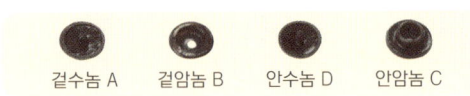

 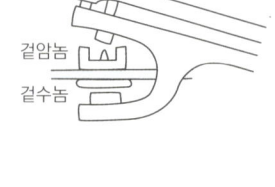 

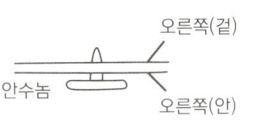 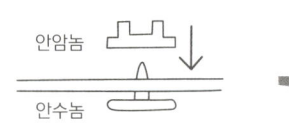 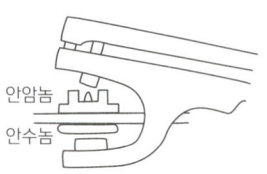 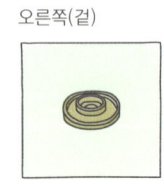

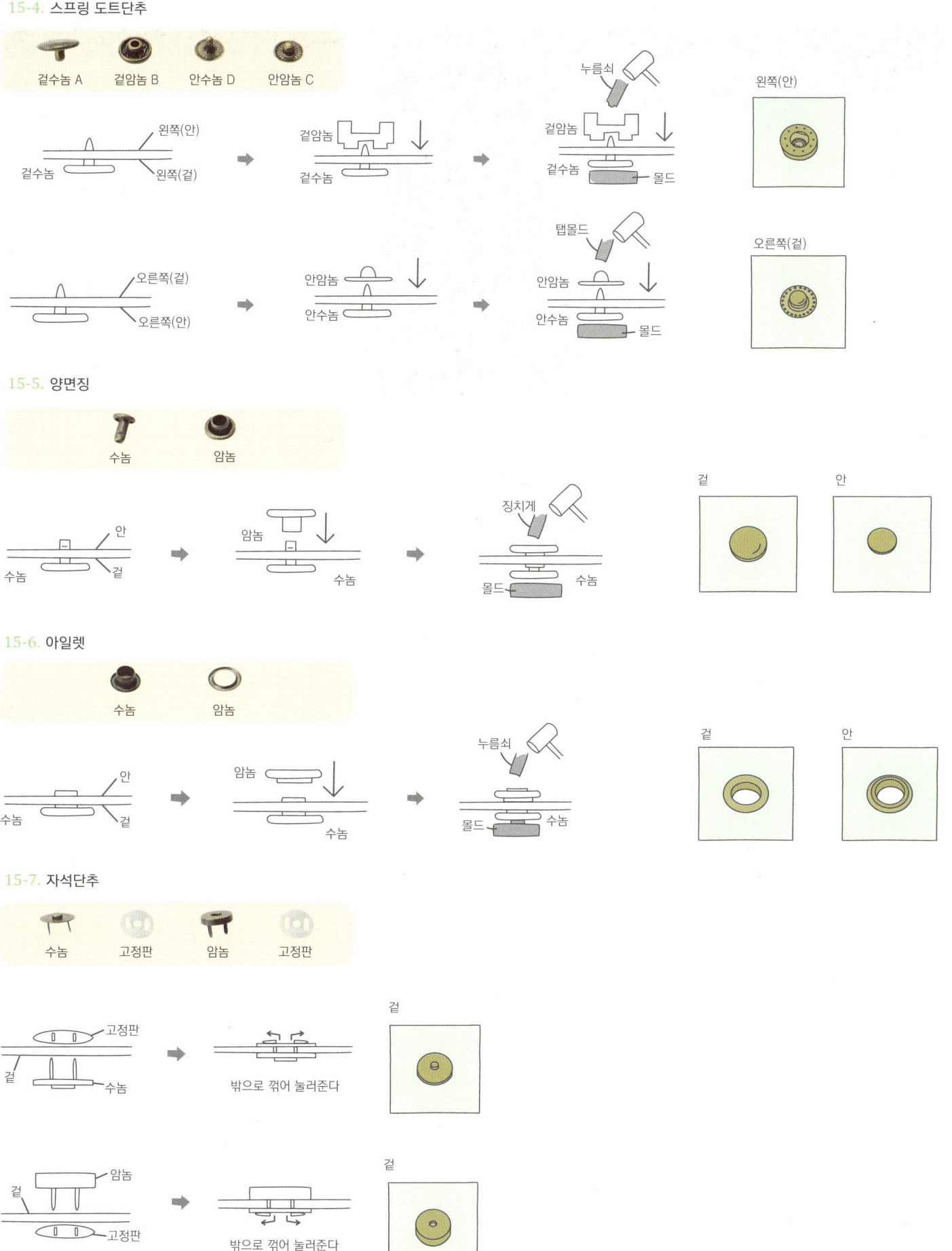

# 16. 접착심 & 안감심지 종류와 붙이는 방법

### 16-1. 심지 종류

① 가방심지(접착심)

두께에 비해 빳빳하며 형태 유지가 필요한 작품에 부착하여 사용한다. 작은 소품이나 형태가 있는 가방류에 많이 사용한다. 원단에 부착 시 얇은 천이나 광목을 대고 다림질을 하면 다리미에 풀이 묻는 것을 방지할 수 있다.

② 커버링심지(접착심)

심지에 기모가공을 하여 보온성을 향상시킨 심지로, 유연하며 보온성을 필요로 하는 의상이나 소품에 많이 사용된다. 특히, 심지의 열 고정성이 좋기 때문에 겨울 원단에도 사용 가능하다.

③ 소잉심지(접착심)

얇은 폴리에스테르 소재의 심지로, 원단의 결을 잡아주는 용도. 겉감(또는 안감) 전면에 부착한다.

④ 양면 멜트심지(양면 접착심)

양면으로 접착이 가능한 그물 조직의 반투명한 심지로, 매우 얇기 때문에 부착 후에도 두께감에 영향을 주지 않는다. 봉제 작업 전, 다양한 작업물이나 비접착 심지를 고정할 수 있다. 다리미에 풀이 묻지 않도록 완성선에서 0.3cm 작게 재단한다.

⑤ 솜고정용 접착테이프 심지(2.5cm폭)

원단에 솜심지 또는 두께감 있는 심지를 부착할때, 가장자리에 붙여 원단과 솜심지 사이를 들뜸없이 밀착되도록 고정하는 역할을 한다.

⑥ 소프트 보강심지(비접착심)

작품의 형태감을 잡아주는 가벼운 심지. 비 접착이므로 양면 멜트심지를 원단과 보강심지 사이에 위치시키고 다림질로 고정한다. 일반적으로 보강심지는 완성선에서 0.3cm 작게 재단한다.

⑦ 퀼팅솜(접착심or비접착심)

압축된 솜에 접착풀 가공 여부에 따라 접착과 비접착으로 구분. 본 책에서는 접착심을 사용한다. 퀼팅솜은 완성선까지만 재단하고 먼저 다림질로 부착 후, 솜고정용 접착테이프 심지를 이용하여 시접에 다림질로 다시 한 번 더 고정해서 안정감을 준다.

⑧ 안감심지

원단의 안쪽 면에 접착풀 가공을 한 심지로, 안감을 달아야 하는 번거로움 없이 겉감에 안감심지를 부착하여 보다 쉽게 작품의 완성도를 높일 수 있다. 의상보다는 주로 간단하게 제작하는 소품에 많이 쓰인다.

### 16-2. 심지 붙이는 방법

※ 이 페이지에서는 각 제작설명서의 재단 배치도에 기재된 심지 부착 방법을 소개하고 있습니다. 아래 내용을 참고하여 심지 작업을 해주세요.

※ 주의 : 심지의 소재는 다양합니다. 사용하는 소재가 합성섬유일 경우, 다리미의 온도를 소재에 맞게 맞춘 후 예열하고 사용합니다.
특히, 다리미에 접착풀이 묻지 않도록 항상 주의해주세요.

### no.13 크로스백 (p.100)

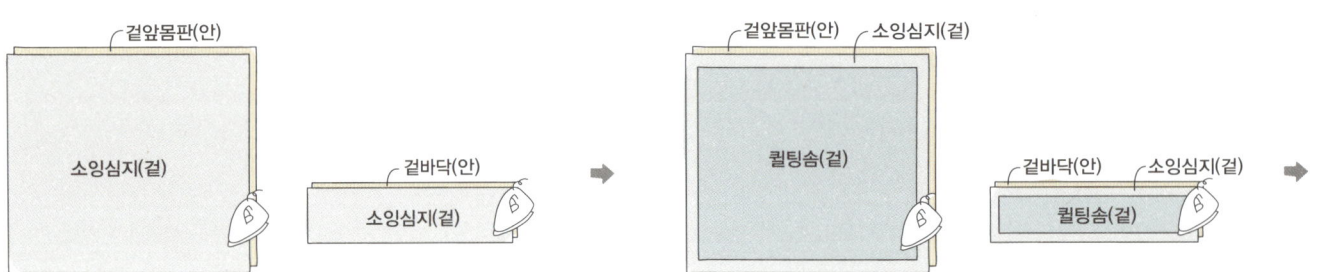

1. 소잉심지를 붙인다.

2. 퀼팅솜을 완성선에 맞춰 재단하여 붙인다.

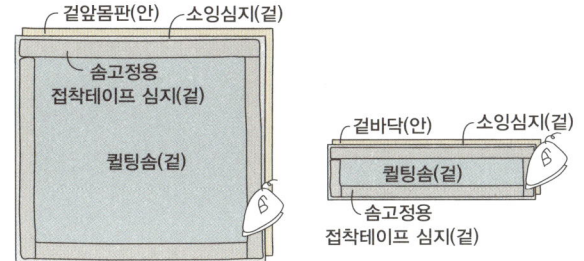

3. 솜고정용 접착테이프 심지를 몸판 둘레에 맞춰 붙인다.

## no.21 3way백 (p.115)

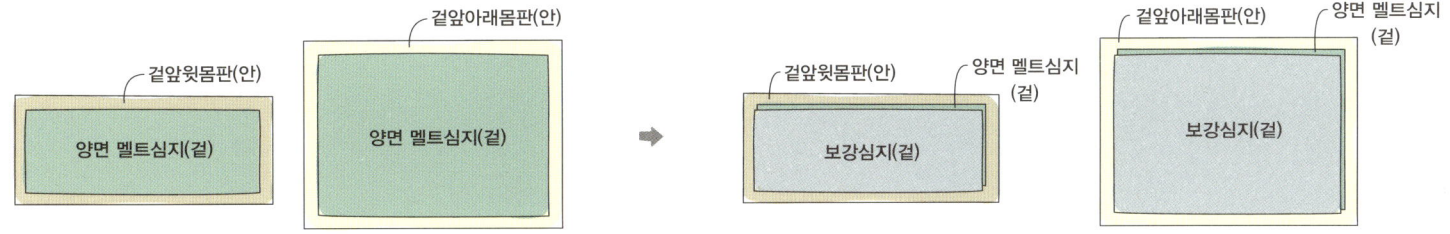

1. 양면 멜트심지를 완성선에서 0.3cm 작게 재단하여 몸판 위에 얹는다.
   ※양면 멜트심지 : 양면으로 접착이 가능한 심지

2. 보강심지를 완성선에서 0.3cm 작게 재단하여 양면 멜트심지 위에 얹는다

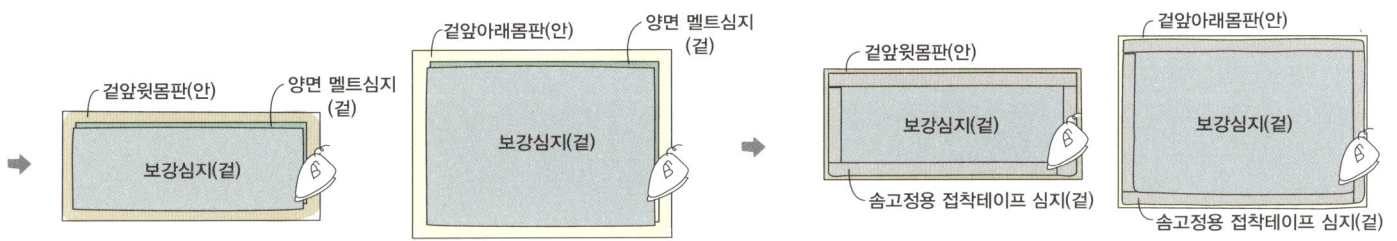

3. 보강심지를 붙인다

4. 솜고정용 접착테이프 심지를 몸판 둘레에 맞춰 붙인다.

## no.23 프레임 클러치백 (p.119)

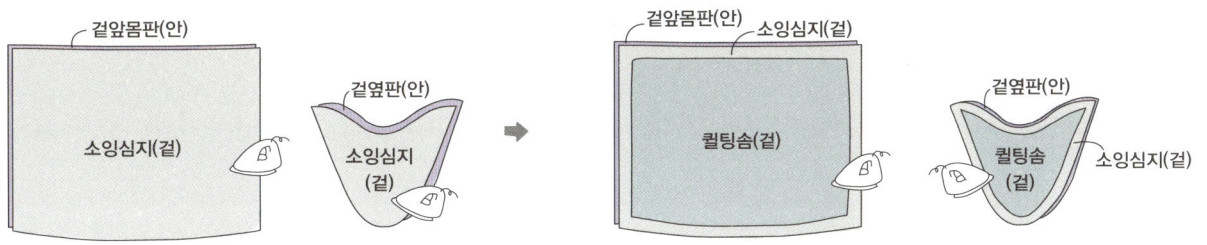

1. 소잉심지를 붙인다.

2. 퀼팅솜을 완성선에 맞춰 재단하여 붙인다.

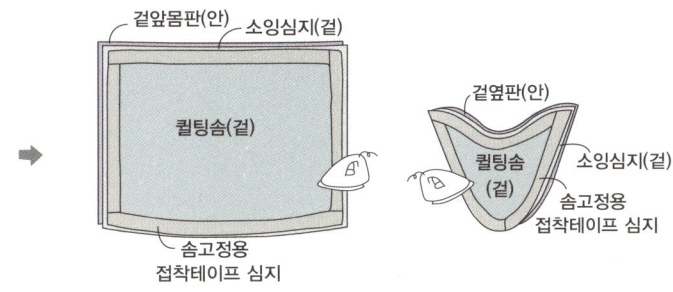

3. 솜고정용 접착테이프 심지를 몸판 둘레에 맞춰 붙인다.

## 기초 부자재

### 제도용품

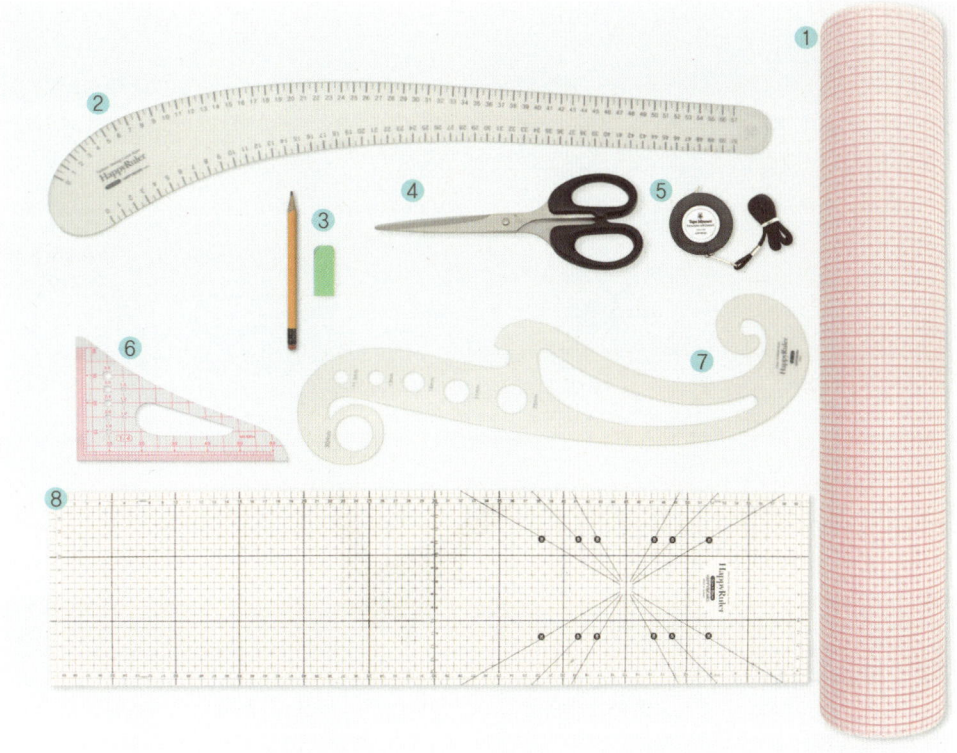

1. **패턴지** 모눈 처리가 되어있어 작업이 용이하고, 잘 비쳐 보여 패턴을 복사하기 쉬운 부직포 패턴지를 사용하면 좋습니다.
2. **곡자** 한쪽 끝이 곡을 이루고 있는 자로 스커트 옆선, 소매 옆선, 절개선, 다트 곡선 등을 그리는데 주로 사용합니다.
3. **연필&지우개** 패턴지에 패턴을 그릴 때 사용합니다.
4. **종이가위** 패턴(종이나 부직포)을 자를 때 사용하는 가위로, 재단가위로 종이를 오리면 가위의 날이 상할 수 있으므로 가위는 반드시 패턴 재단용과 원단 재단용을 구분하여 사용합니다.
5. **줄자** 신체치수를 측정하거나 곡선의 치수를 잴 때 사용합니다.
6. **축도자** 실 사이즈의 패턴을 1/4 또는 1/5로 축도하여 자료를 남기고자 할 때 사용합니다.
7. **S자** S모양의 자로 소매산, 진동둘레 등 거의 모든 기본 곡선을 그릴 수 있으며, 사이즈별 원 모양이 있어 단추표시를 하기 좋습니다.
8. **직각&컷팅자** 정확한 직각이 제도작업을 원활하게 합니다. 넓은 폭이 작업물의 뒤틀림 현상을 없애주어 원단 컷팅 작업에도 사용됩니다.

### 재단용품

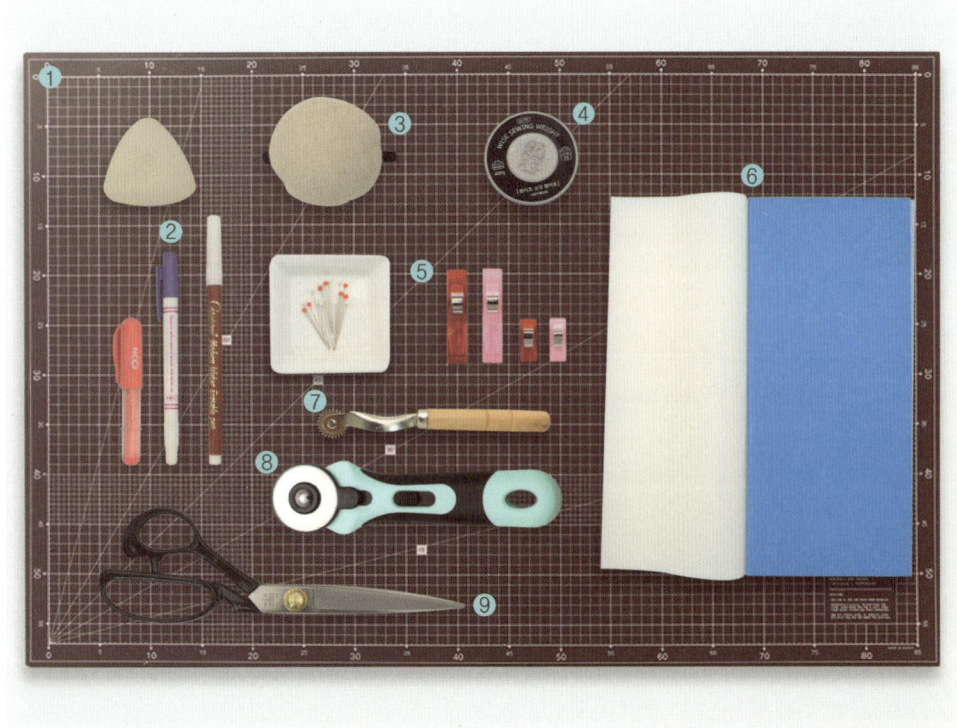

1. **컷팅매트** 재단칼로 원단을 재단할 때 함께 사용하면 재단칼의 날이 손상되지 않고, 원단이 깔끔하게 재단됩니다.
2. **초크** 원단에 마름선을 표시하거나 수정할 때 사용합니다. 고체형, 샤프형, 펜형이 있으니 용도에 맞게 골라 사용하세요.
3. **핀쿠션** 자주 사용하는 시침핀, 바늘 등을 적당량 꽂아두고 필요할 때 바로 사용하세요.
4. **문진** 원단과 패턴이 서로 뒤틀리지 않도록 묵직하게 고정해주는 누름쇠입니다.
5. **시침핀&집게** 시침핀은 옷감을 고정하거나 입체 재단 시 사용합니다. 구슬핀, 실크핀 등 용도에 따라서 사용하세요. 핀 작업이 어려운 니트 원단에는 집게를 사용하면 좋습니다.
6. **초크페이퍼** 패턴을 원단에 마름질할 때 초크 대신 사용할 수 있는 상품으로, 페이퍼를 원단 아래 놓고 위에서 룰렛으로 굴려주면 원단에 완성선이 표시됩니다.
7. **룰렛** 톱니를 굴려 원단에 마킹합니다. 초크페이퍼와 함께 사용하세요. 톱니형과 원반형으로 두 가지 타입이 있습니다. 원반형은 헤라로도 사용 가능합니다.
8. **재단칼** 재단가위 대신 원단을 재단할 때 사용하며, 여러 겹의 원단을 한 번에 컷팅할 수 있어 편리합니다. 컷팅매트와 함께 사용하세요.
9. **재단가위** 원단 재단에 사용하는 전용가위로 자신의 손에 맞는 크기의 가위를 사용하는 것이 좋습니다. 왼손용, 오른손용으로 두 가지 타입이 있습니다.

## 봉제용품

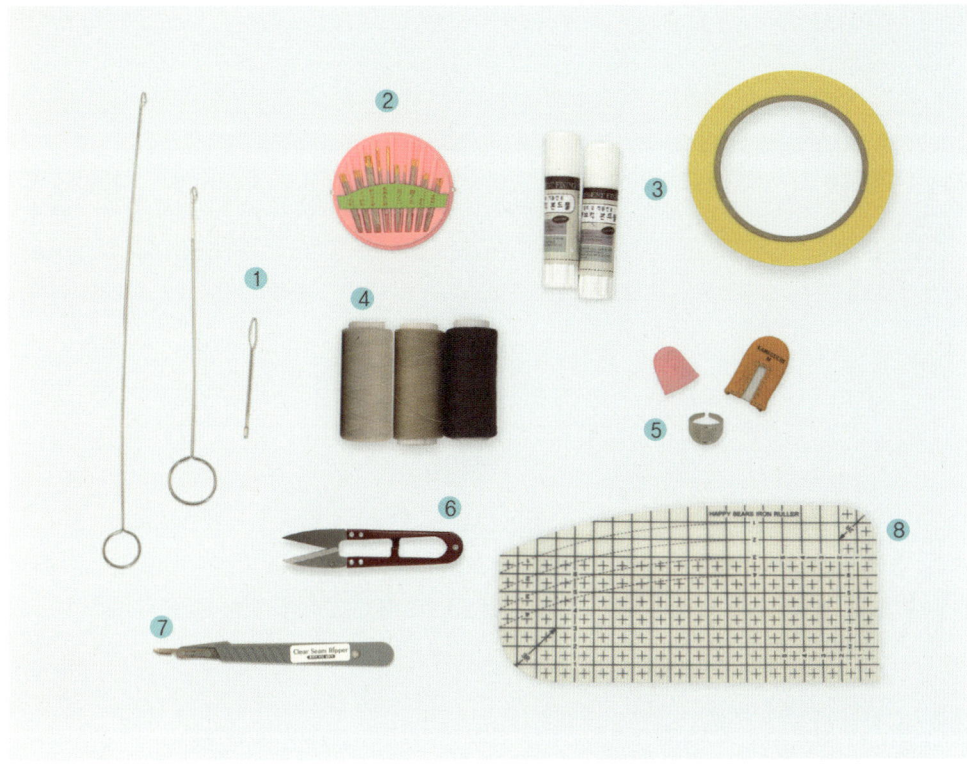

1. **뒤집개 & 끼우개** 원단으로 리본 등을 만들 때 좁은 폭의 원단을 쉽게 뒤집을 수 있고, 작품에 고무줄이나 끈을 끼워 넣을 때 편리하게 작업할 수 있습니다.
2. **손바늘** 작품의 마무리 또는 장식 작업 시 자주 사용되므로 사이즈별로 준비해두세요.
3. **직물전용 본드풀 & 매직테이프** 시침핀을 꽂기 힘든 곳, 지퍼 및 시접 등 임시고정이 필요한 부분에 사용하면 원단의 밀림 없이 봉제를 편하게 할 수 있습니다. 수용성 재질로 세탁 후 완전히 제거됩니다.
4. **손바느질용 봉제실** 기본적으로 가장 많이 사용되는 색상은 휴대가 편리한 소형 사이즈로 준비해두고 간편하게 사용하세요.
5. **골무** 손바느질을 할 때 손가락 끝을 보호해주어 작업의 능률을 높입니다. 가죽, 금속, 고무 등 다양한 재질이 있으니 용도에 맞게 골라 사용하세요.
6. **쪽가위** 작업 중 가장 많이 사용되는 가위로, 깔끔한 마무리 작업을 위해 꼭 필요합니다.
7. **실뜯개** 봉제가 잘못되어 바늘땀을 뜯어야 할 때나, 단춧구멍을 자를 때 유용하게 사용됩니다.
8. **아이론시접자** 정확한 치수체크와 함께 다림질로 손쉽게 시접부분을 만들 수 있도록 도와주는 열에 강한 시접자입니다.

## 미싱용품

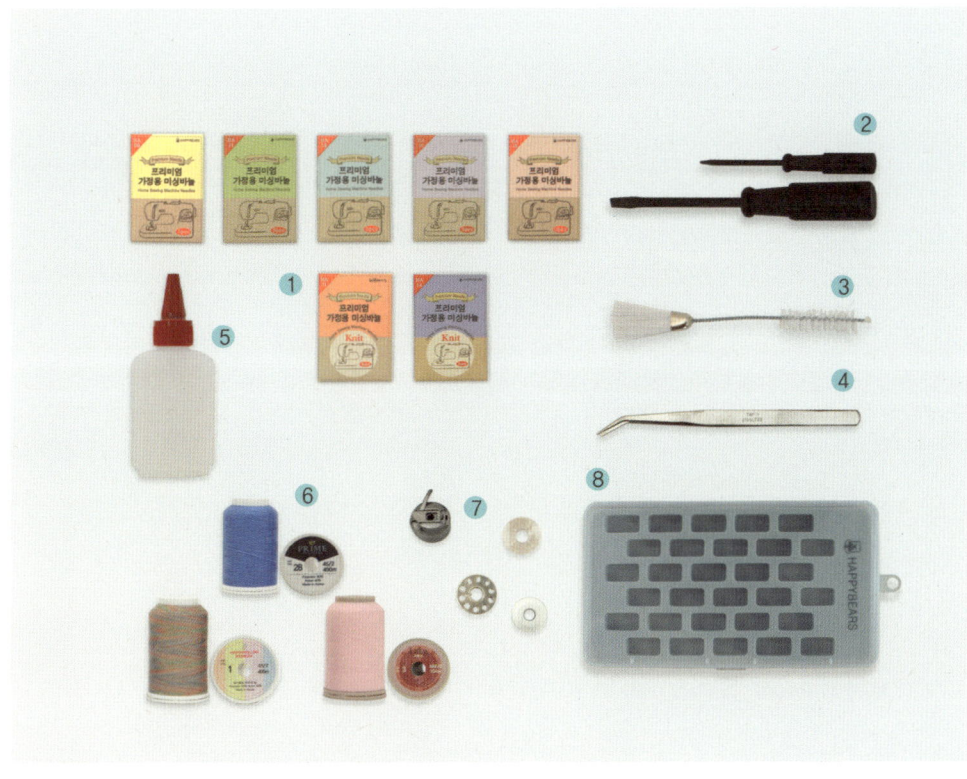

1. **미싱바늘** 공업용과 가정용을 잘 구분하여 사용해야 합니다. 원단의 소재와 두께에 따라 9/11/14/16/18호의 바늘을 맞춰 사용하세요. 니트원단에는 니트용 바늘을 사용하세요.
2. **드라이버** 노루발과 미싱바늘을 교체할 때 사용합니다.
3. **크리닝브러시** 봉제 후 미싱에 쌓인 먼지를 청소할 때 사용하는 미싱 청소용 브러시입니다.
4. **핀셋** 일반 미싱이나 오버록에 실을 끼울 때나, 미싱의 세밀한 곳을 작업할 때 사용합니다.
5. **미싱기름** 미싱의 소음이나 마찰을 완화시켜줍니다.
6. **미싱용 봉제실** 원단의 소재와 두께 및 작업 용도에 맞게 골라 사용합니다.
7. **북집(보빈케이스)** 공업용과 가정용을 잘 구분하여 사용해야 합니다. 북집이 필요 없는 미싱 기종도 있으니 확인 후 사용하세요.
8. **북알(보빈)&북알케이스** 북알은 공업용과 가정용을 잘 구분하여 사용해야 하며, 밑실은 윗실 컬러에 맞춰 바로 사용할 수 있도록 다양하게 감아서 준비해두면 좋습니다. 북알케이스에 보관하면 편리합니다.

# How to make

일러스트 제작 설명서

- 이 책에서는 각 작품을 One size로 소개하고 있습니다. 작품의 완성 사이즈를 확인해주세요.

- 설명서에 표기된 재단배치도의 요척과 재료의 양은 패턴을 기준으로 작성되어 있습니다.

- 부록인 실물크기 패턴에는 시접이 포함되어있지 않습니다. 각 만드는 방법 페이지의 재단배치도를 참고하여 시접을 더해주세요.

## no.01
# 스트링 파우치 (S, L)

화보 P.010 / 패턴 C면

**완성사이즈**
S 14cm×16cm
L 23cm×30cm

**재료**
몸판감 S 50cm×25cm
　　　 L 60cm×40cm
(S) 지름0.3cm 오시도리 면끈 1팩
(L) 지름0.6cm 둥근 면끈 1팩
(S) 1.8cm폭 끼워라벨 1개
(L) 4.7cm폭 끼워라벨 1개

**만드는 방법**
1. 몸판을 만든다
2. 몸판을 연결한다
3. 몸판에 끈을 끼운다

**재단배치도**

※ 원단은 안쪽면을 기준으로 재단합니다
※ ○안의 숫자는 시접양입니다.
　 숫자가 없는 곳은 1cm의 시접으로 재단합니다

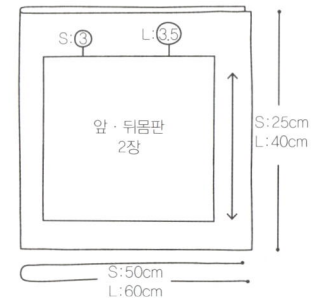

※ 각 사이즈별 몸판의 입구 시접은
　 S: 3cm, L: 3.5cm입니다.

### 1. 몸판을 만든다
### 2. 몸판을 연결한다

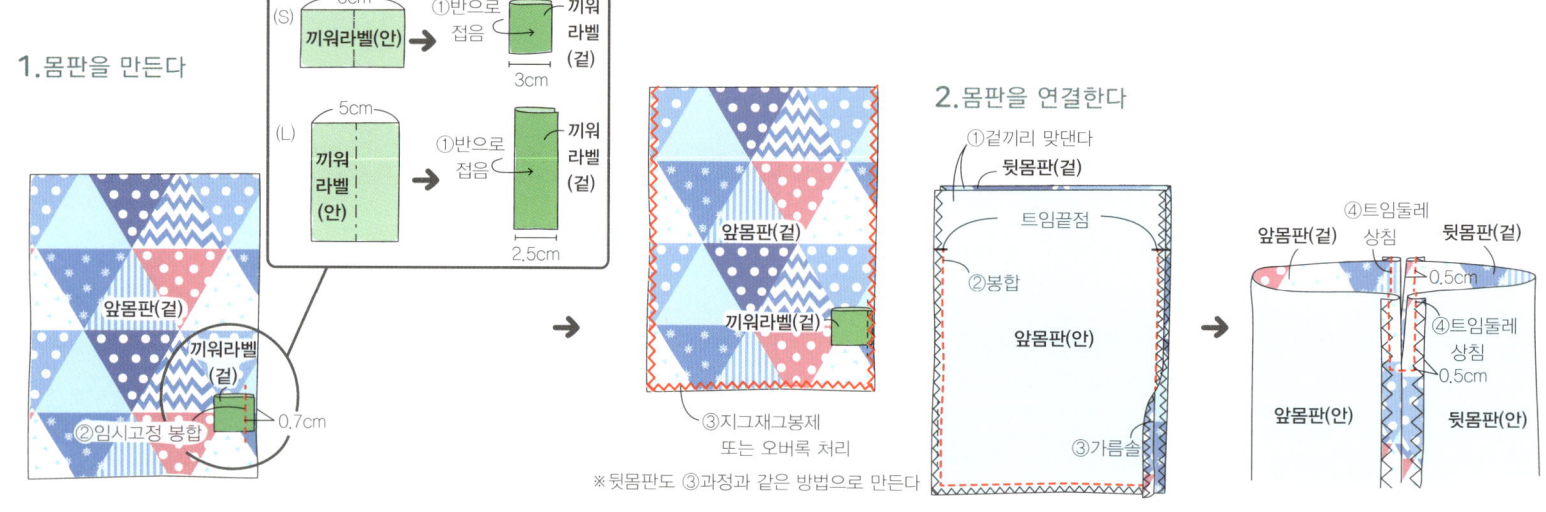

### 3. 몸판에 끈을 끼운다

no.02

# 양면 에코백

화보 P.012 / 패턴 A면

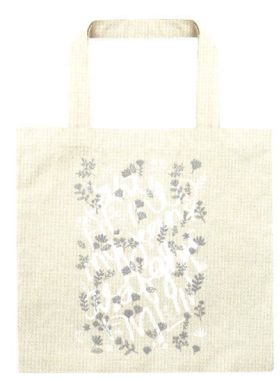

### 완성사이즈

40cm×35cm (끈 제외)

### 재료

앞몸판감 66cm×65cm
뒷몸판감 55cm×50cm
안감심지 110cm×50cm
소잉심지 22cm×65cm
전사지 1장
3cm폭 가죽라벨 1개

### 만드는 방법

1 몸판을 만든다
2 몸판에 손잡이끈과 가죽라벨을 단다

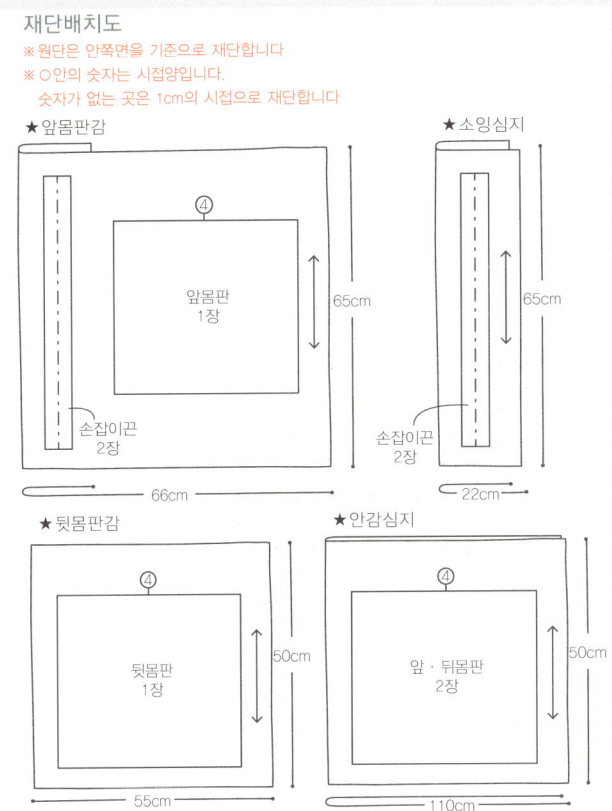

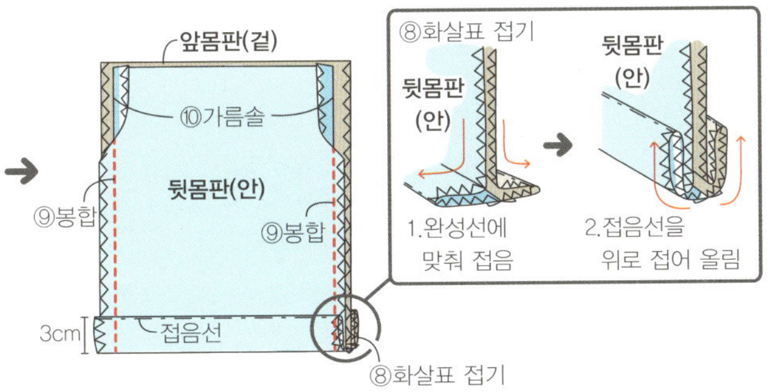

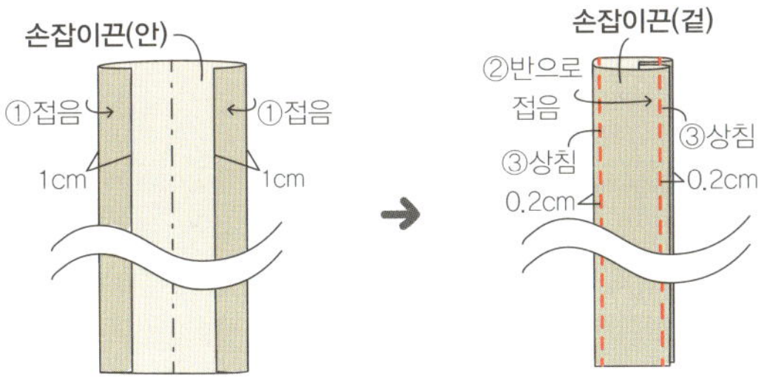

### 재단배치도

※원단은 안쪽면을 기준으로 재단합니다
※○안의 숫자는 시접양입니다.
숫자가 없는 곳은 1cm의 시접으로 재단합니다

## 1.몸판을 만든다

※뒷몸판에도 안감심지를 붙입니다
※안감심지가 붙은 쪽을 앞 · 뒤몸판의 안쪽으로 설명합니다

※반대쪽 손잡이끈에도 소잉심지를 붙입니다
※소잉심지가 붙은 쪽을 손잡이끈의 안쪽으로 설명합니다

※뒷몸판도 ③과정과 같은 방법으로 만든다

## 2.몸판에 손잡이끈과 가죽라벨을 단다

※손잡이끈을 2개 만든다

완성

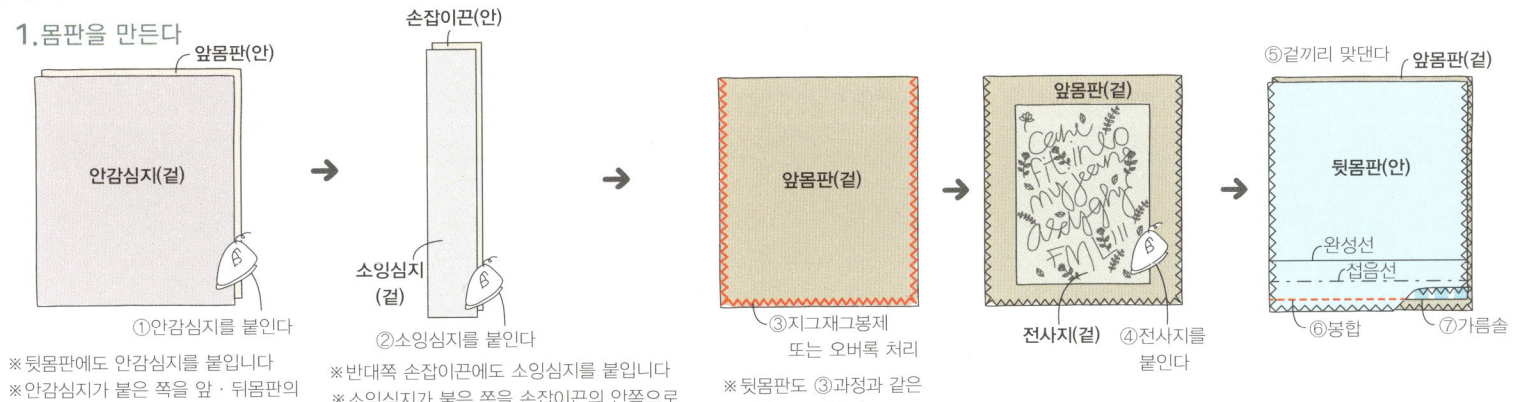

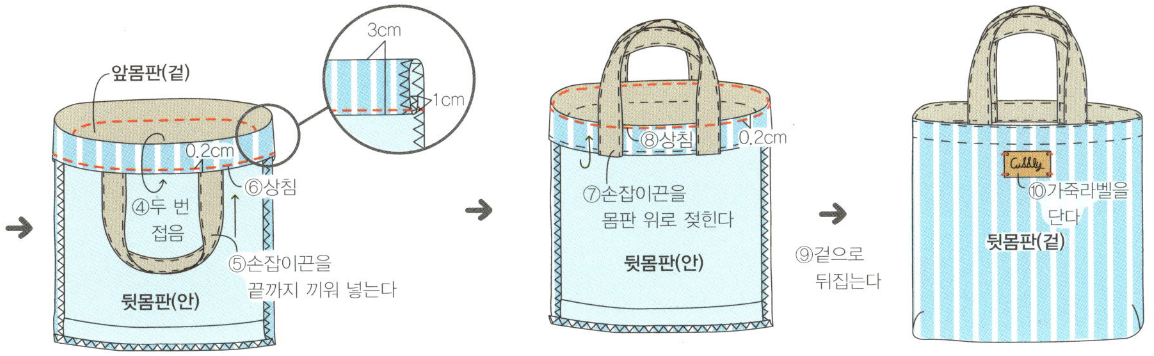

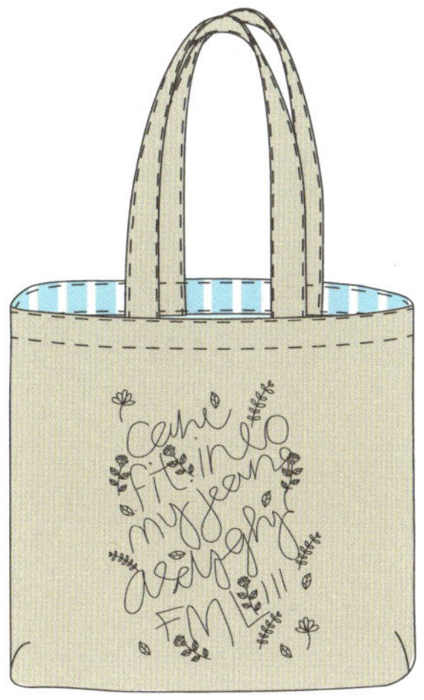

## no.03
# 숄더백 (S, L)

화보 P.014 / 패턴 A면

**완성사이즈**
S 20cm×26cm×12cm (끈 제외)
L 34cm×38cm×22cm (끈 제외)

**재료**
몸판감 S 45cm×70cm
　　　　L 65cm×110cm
안감심지 S 45cm×70cm
　　　　　L 65cm×110cm
웨이빙끈 S 2.5cm폭 1팩
　　　　　L 3.2cm폭 1팩

**만드는 방법**
1 몸판에 웨이빙끈을 단다
2 몸판을 만든다

**재단배치도**
※ 원단은 안쪽면을 기준으로 재단합니다
※ ○안의 숫자는 시접양입니다.
　숫자가 없는 곳은 1cm의 시접으로 재단합니다

★ 몸판감
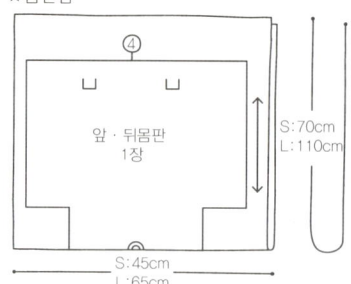

★ 안감심지
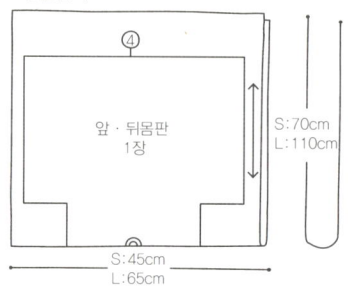

## 1. 몸판에 웨이빙끈을 단다

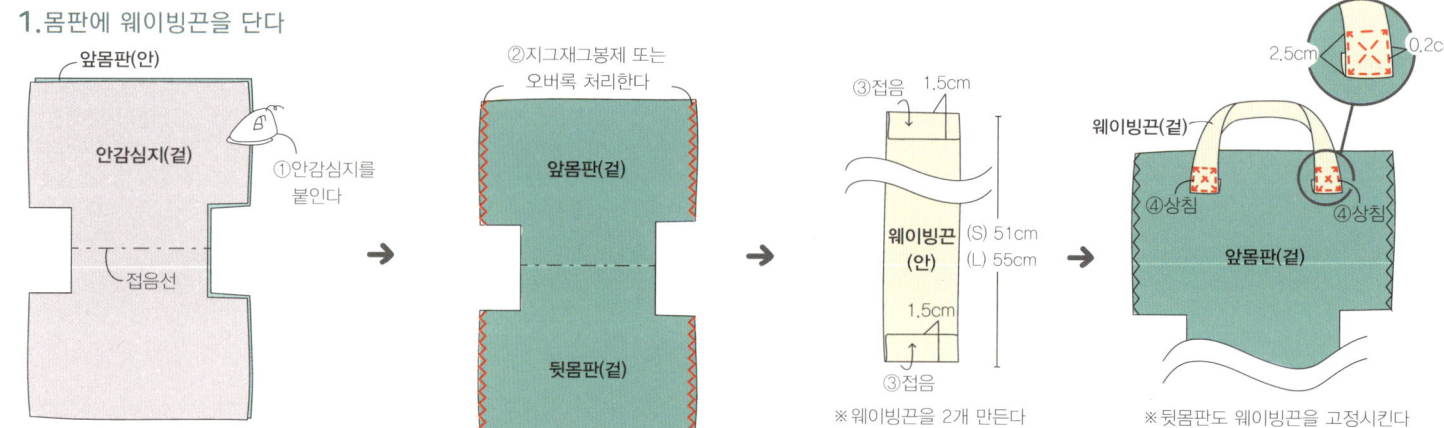

## 2. 몸판을 만든다

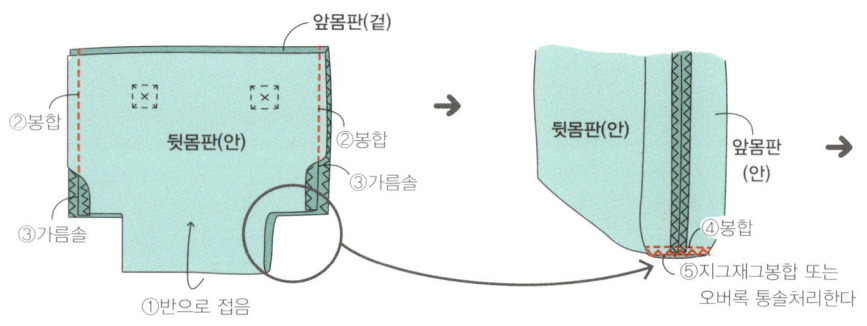

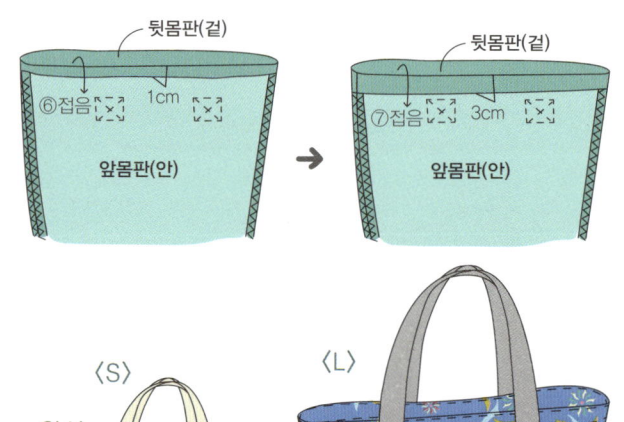

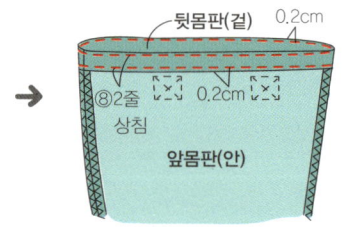

no.04

# 핸드폰 파우치 2종

화보 P.016 / 패턴 C면

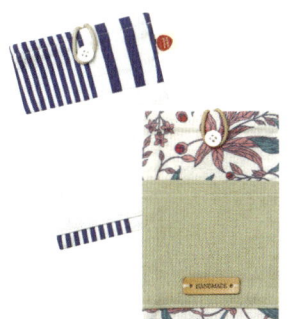

## 완성사이즈

10cm×15cm

## 재료

몸판감 15cm×40cm
주머니감 15cm×15cm
안감심지 15cm×48cm
스트링 고무줄 1팩
작품1 1.5cm폭 끼워라벨 1개
작품2 1.2cm폭 가죽라벨 1개
지름1.1cm 단추 1개

## 만드는 방법

1 주머니를 만든다
2 몸판을 만든다
3 몸판에 끈고리와 단추를 단다

## 재단배치도

※원단은 안쪽면을 기준으로 재단합니다
※○안의 숫자는 시접양입니다.
숫자가 없는 곳은 1cm의 시접으로 재단합니다

## 1.주머니를 만든다

※안감심지가 붙은 쪽을 앞 · 뒤몸판,
겉주머니의 안쪽으로 설명합니다

## 2.몸판을 만든다

## 3.몸판에 끈고리와 단추를 단다

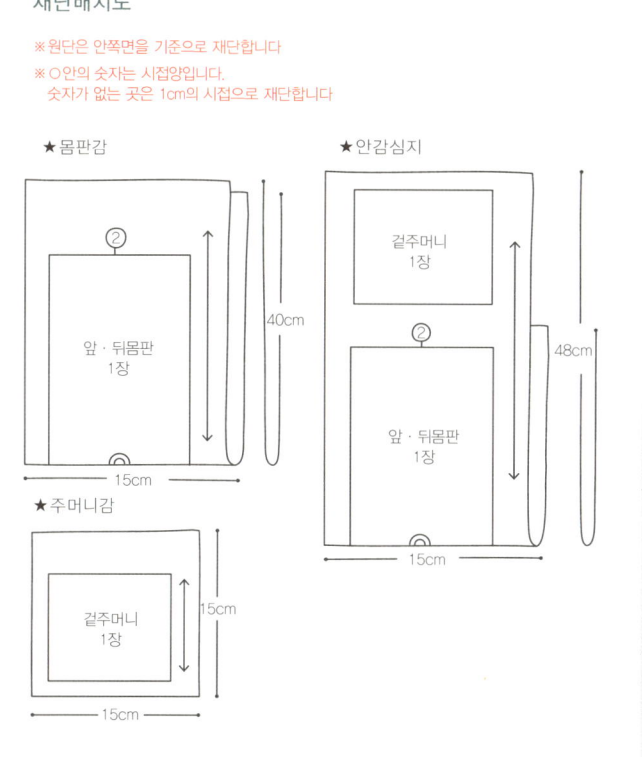

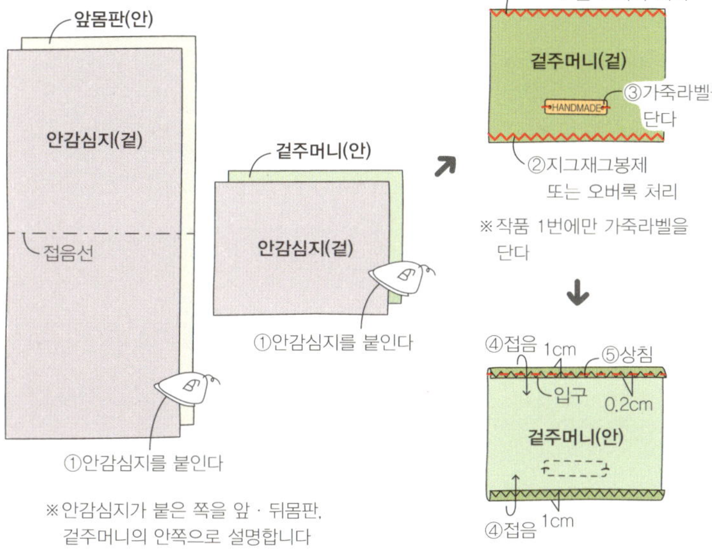

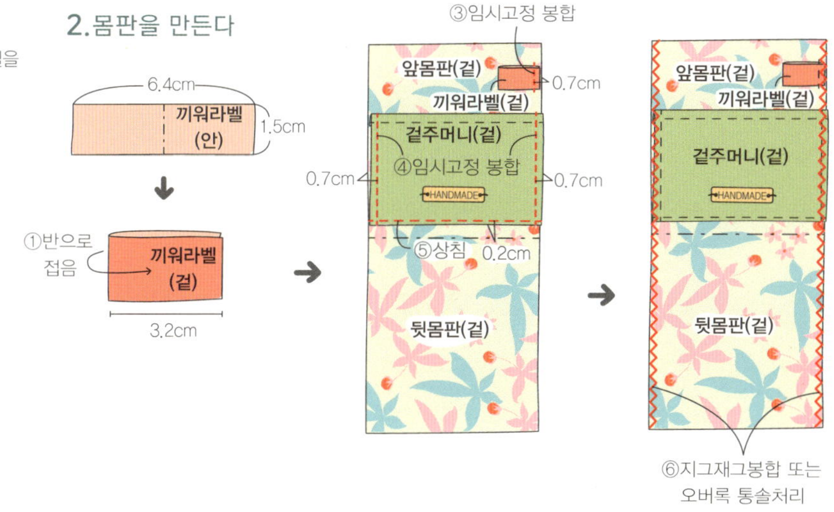

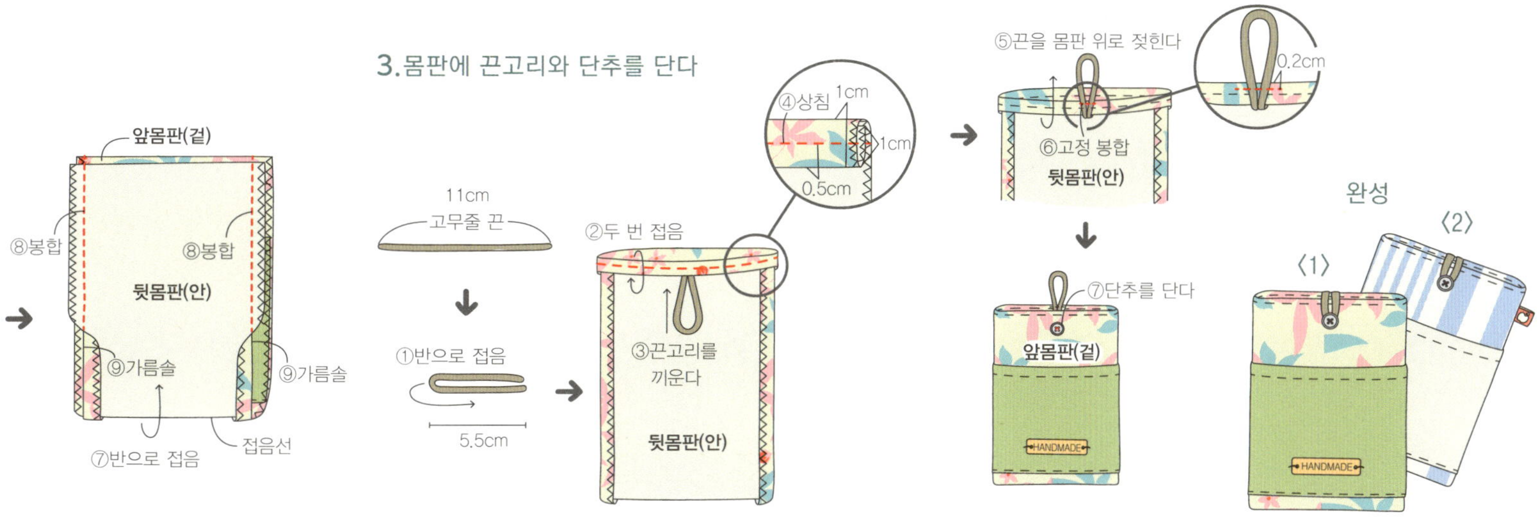

no.05

# 배색 파우치

화보 P.018 / 패턴 C면

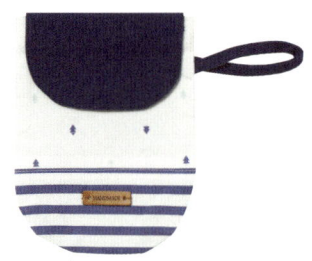

## 완성사이즈

15cm×19.5cm

## 재료

윗몸판감 40cm×20cm
아래몸판감 40cm×12cm
뚜껑감 37cm×24cm
소잉심지 37cm×24cm
안감심지 40cm×30cm
2.5cm폭 벨크로 1팩
1.2cm폭 가죽라벨 1개

## 만드는 방법

1 몸판을 만든다
2 끈고리를 만들어 몸판에 단다
3 몸판의 다트를 봉합한다
4 몸판에 벨크로와 라벨을 단다
5 앞 · 뒤몸판을 연결한다
6 뚜껑을 만들어 몸판에 연결한다

## 재단배치도

※원단은 안쪽면을 기준으로 재단합니다
※○안의 숫자는 시접양입니다.
숫자가 없는 곳은 1cm의 시접으로 재단합니다

※끈고리는 시접 없이 재단합니다

※안감심지는 위 · 아래몸판 패턴을 연결하여 재단합니다

## 1. 몸판을 만든다

※뒤위 · 아래몸판도 ①~④과정과 같은 방법으로 만든다

※뒷몸판에도 안감심지를 붙입니다
※안감심지가 붙은 쪽을 앞 · 뒤몸판의 안쪽으로 설명합니다

## 2. 끈고리를 만들어 몸판에 단다

※화살표 모양처럼 끈을 겹친다

## 3. 몸판의 다트를 봉합한다

※반대쪽과 뒷몸판도 ①~②과정과 같은 방법으로 만든다

③다트 시접을 화살표 방향대로 넘겨 다린다

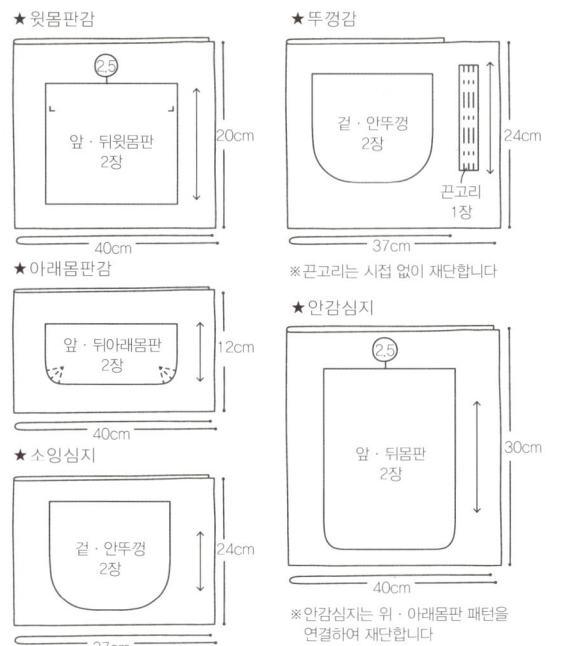

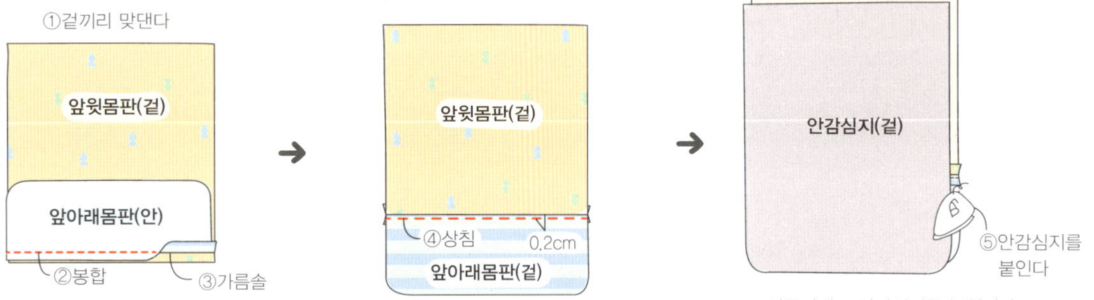

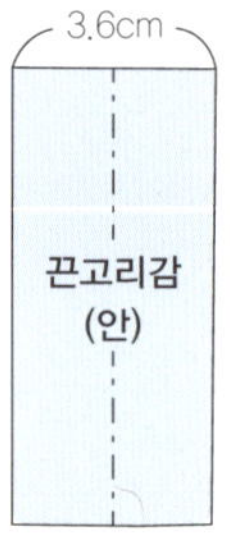

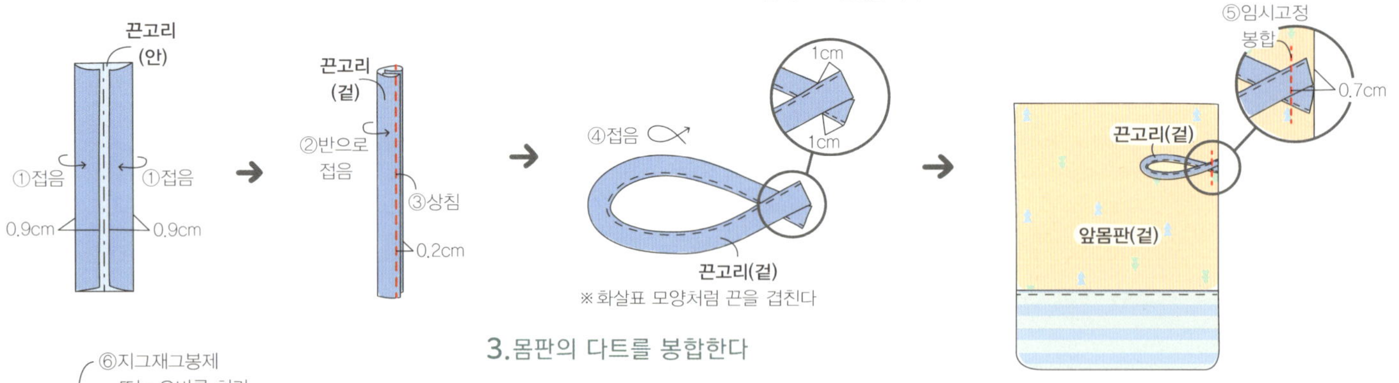

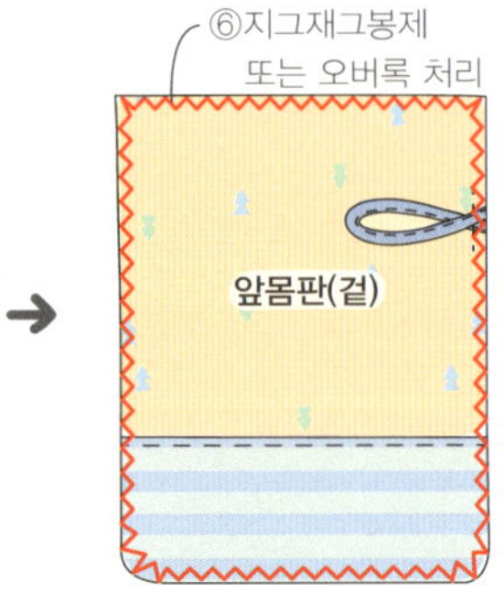

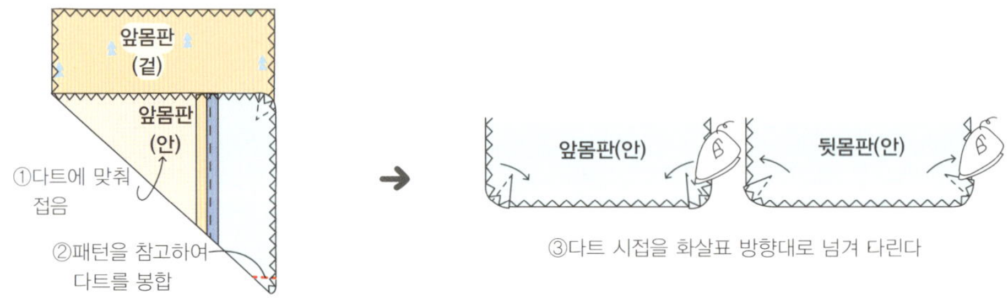

no.05 배색 파우치

**4. 몸판에 벨크로와 라벨을 단다**

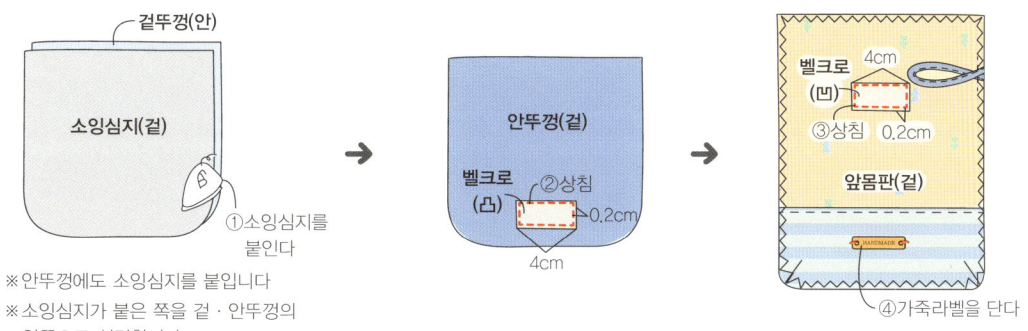

**5. 앞·뒤몸판을 연결한다**

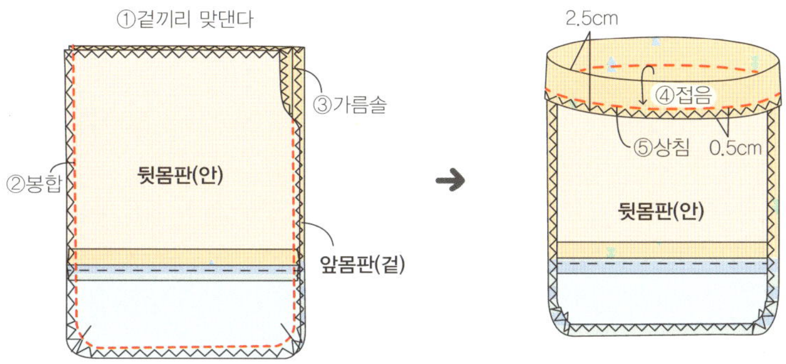

**6. 뚜껑을 만들어 몸판에 연결한다**

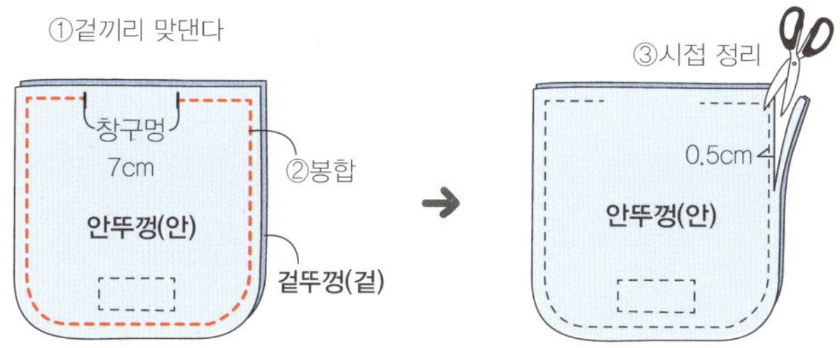

087

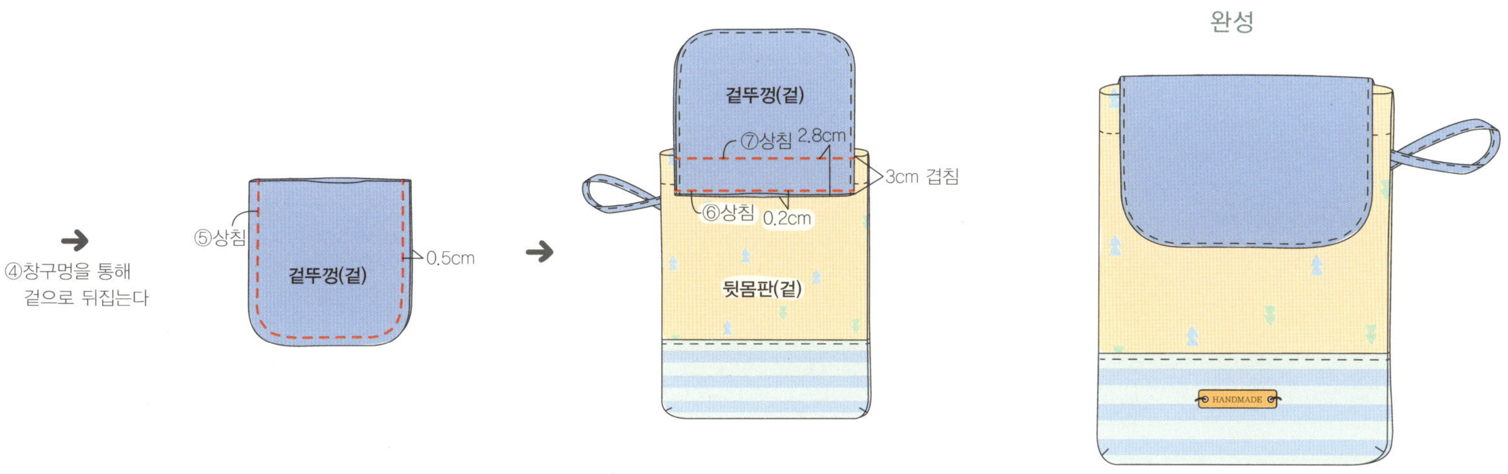

## no.06
# 가방 커버 토트백

화보 P.020 / 패턴 C면

**완성사이즈**
25cm×30cm×10cm (끈 제외)

**재료**
몸판감 55cm×100cm
안감심지 50cm×90cm
소잉심지 24cm×50cm
12.4cm폭 가죽 가방커버 1개
(트렌디 가방 커버_브라운 / 구입처 : 패션스타트)

〈원단으로 가방 뚜껑을 만들 경우〉
뚜껑감 35cm×20cm
지름1.4cm 아플리케 자석단추 1쌍

**만드는 방법**
1. 몸판을 만든다
2. 몸판에 손잡이끈을 단다
3. 몸판에 가방커버와 자석단추를 단다

### 재단배치도
※ 원단은 안쪽면을 기준으로 재단합니다
※ ○안의 숫자는 시접양입니다.
   숫자가 없는 곳은 1cm의 시접으로 재단합니다

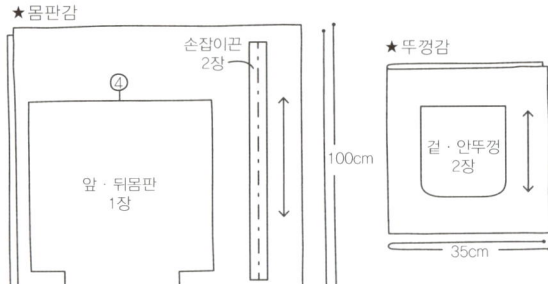
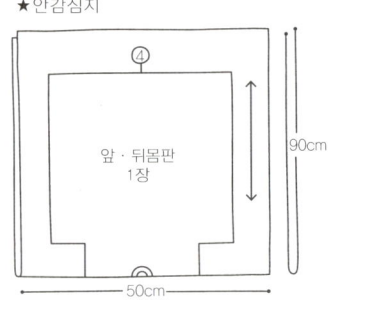
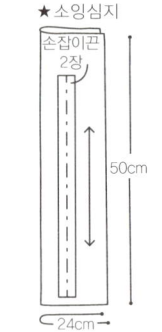

## 1. 몸판을 만든다

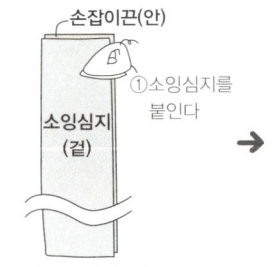
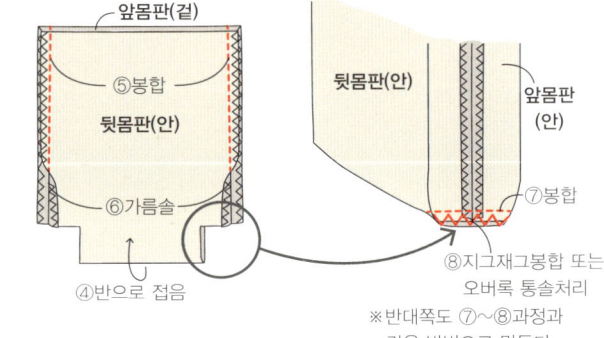

## 2. 몸판에 손잡이끈을 단다

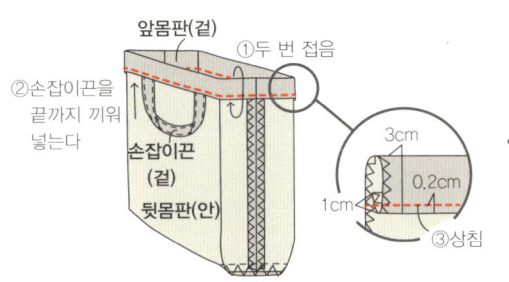
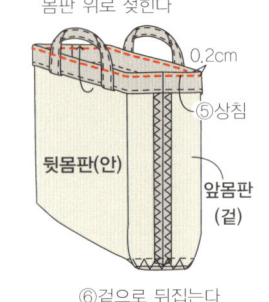
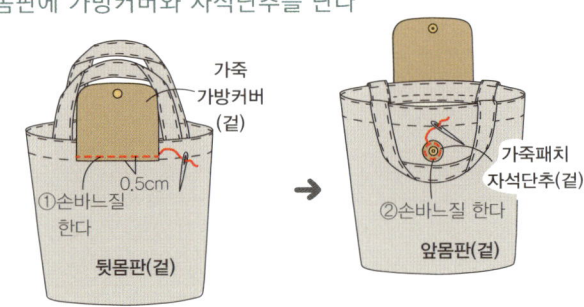

※ 손잡이끈 만드는 방법 P.83 2-①~③참고
※ 뒷몸판도 손잡이끈을 고정시킨다

## 3. 몸판에 가방커버와 자석단추를 단다

### ※ 원단으로 가방 뚜껑을 만들 경우

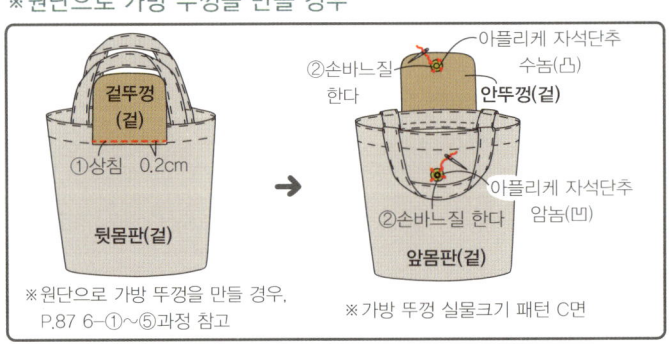

※ 원단으로 가방 뚜껑을 만들 경우, P.87 6-①~⑤과정 참고
※ 가방 뚜껑 실물크기 패턴 C면

**완성**

## no.07 크로스 미니백

화보 P.22 / 패턴 D면

**완성사이즈**
17cm×21cm (끈 제외)

**재료**
겉앞몸판감 25cm×35cm
겉뒷몸판감 25cm×35cm
안몸판감 50cm×35cm
소잉심지 110cm×35cm
110~124cm길이 크로스 가죽핸들 1개
1.5cm폭 D링 2개
1cm폭 가죽라벨 1개
지름1.4cm 아플리케 자석단추 1쌍

**만드는 방법**
1. D링 고리감을 만들어 겉몸판에 단다
2. 겉몸판에 가죽라벨을 단다
3. 몸판을 만든다
4. 겉몸판과 안몸판을 연결한다
5. 몸판에 자석단추를 단다
6. D링에 크로스 가죽핸들을 연결한다

**재단배치도**

※원단은 안쪽면을 기준으로 재단합니다
※○안의 숫자는 시접양입니다.
숫자가 없는 곳은 1cm의 시접으로 재단합니다

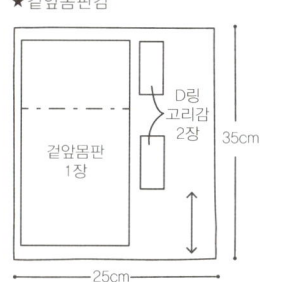

※D링 고리감은 시접 없이 재단합니다
※D링 고리감 실물크기 패턴 P.90 참고

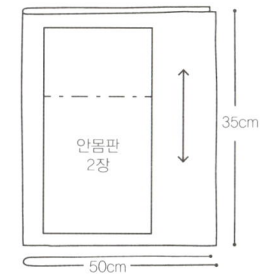
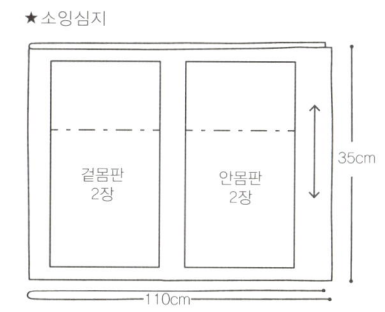

### 1. D링 고리감을 만들어 겉몸판에 단다

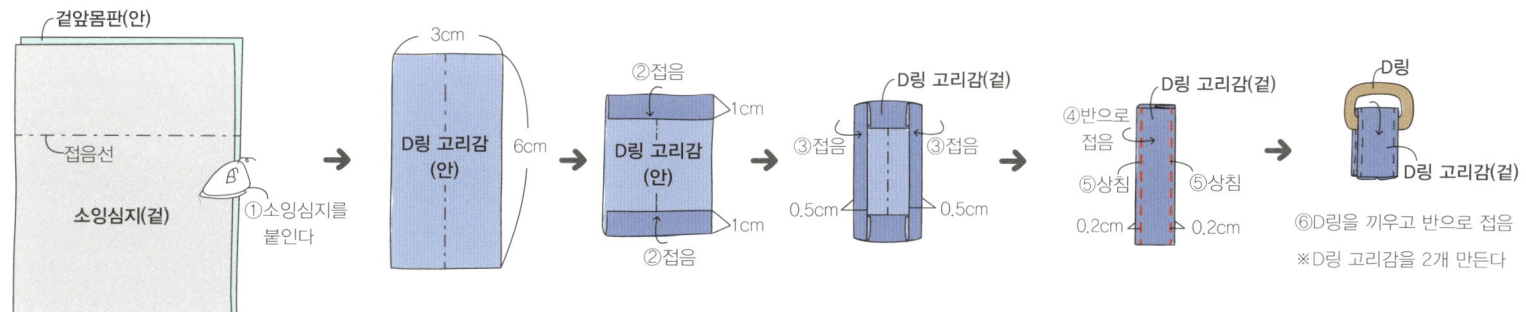

※겉뒷몸판, 안앞·뒤몸판에도 소잉심지를 붙인다
※소잉심지 붙은 쪽을 겉·안몸판의 안쪽으로 설명합니다

### 2. 겉몸판에 가죽라벨을 단다

### 3. 몸판을 만든다

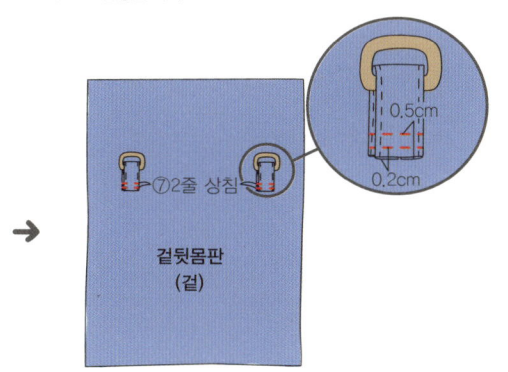
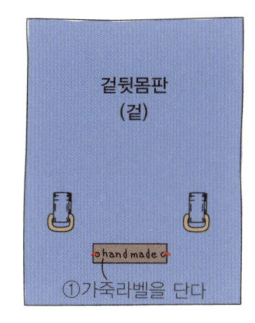
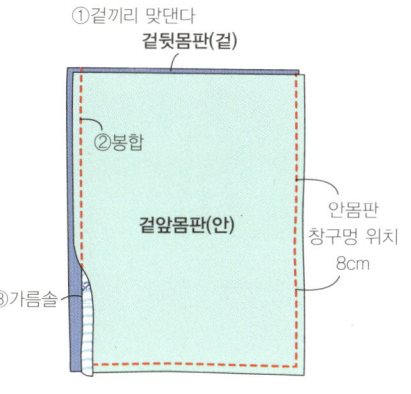

※안몸판은 창구멍 8cm를 남겨두고
①~③과정과 같은 방법으로 만든다

# no.07 크로스 미니백

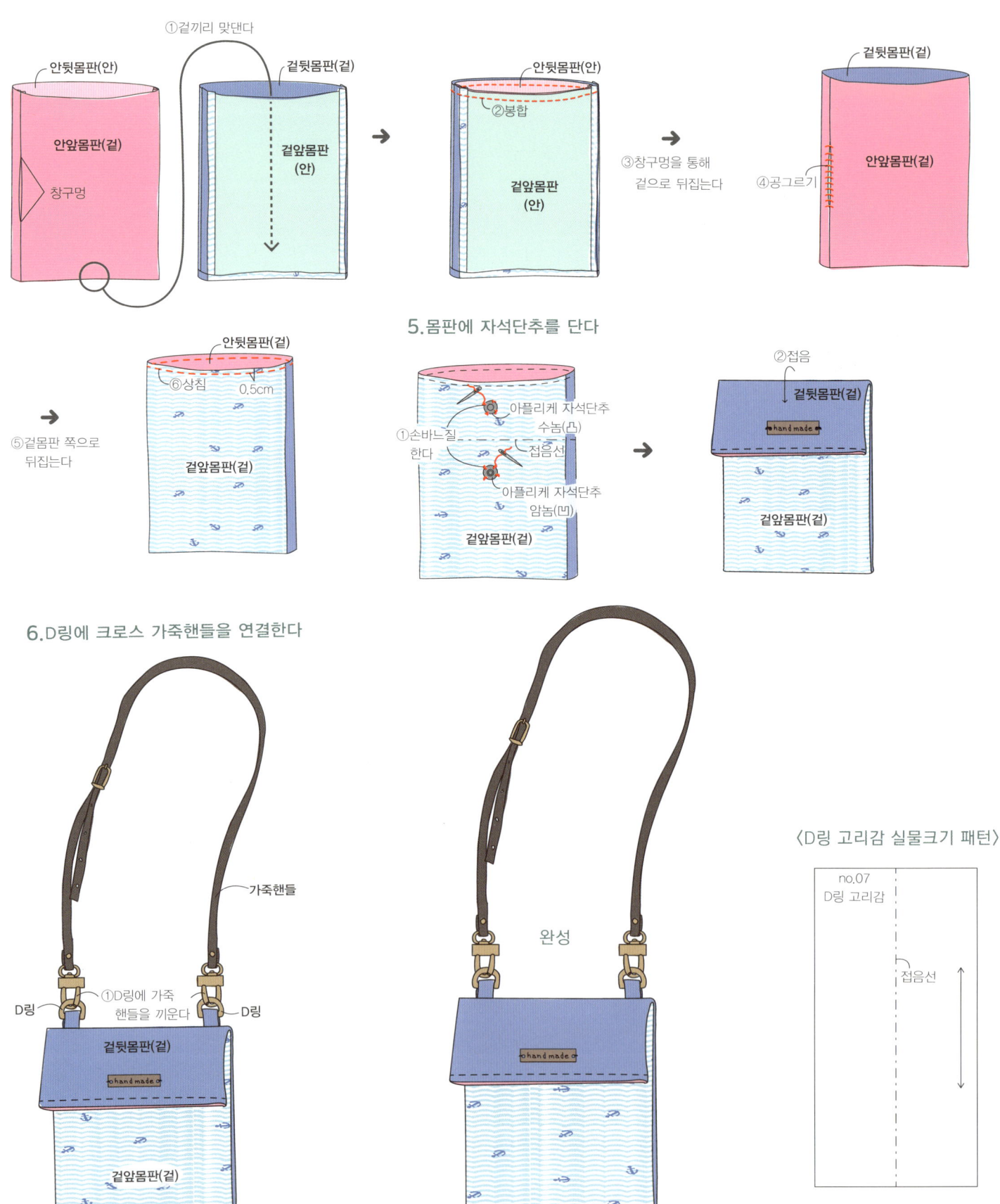

## no.08
# 봉지 에코백

화보 P.024 / 패턴 A면

**완성사이즈**
48cm×80cm

**재료**
몸판A감 110cm×90cm
몸판B감 110cm×90cm

**만드는 방법**
1 몸판을 만든다
2 몸판을 연결한다

**재단배치도**
※원단은 안쪽면을 기준으로 재단합니다
※○안의 숫자는 시접양입니다.
　숫자가 없는 곳은 1cm의 시접으로 재단합니다

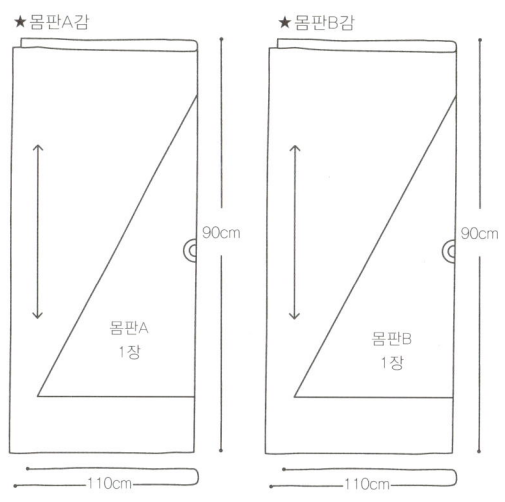

### 1. 몸판을 만든다

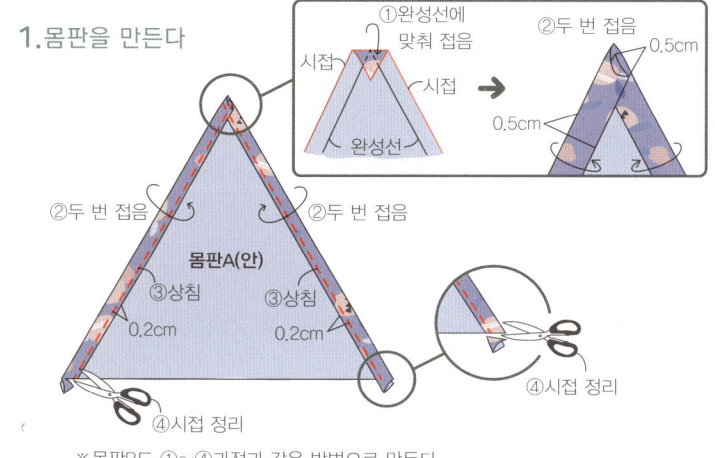

※몸판B도 ①~④과정과 같은 방법으로 만든다

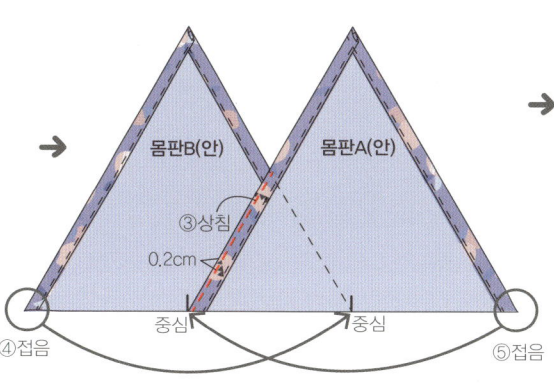

※몸판A, B의 모서리가 서로의 중심에 오도록 각각 반으로 접는다

### 2. 몸판을 연결한다

①몸판A, B의 모서리가 서로의 중심에 오도록 겹쳐 놓는다

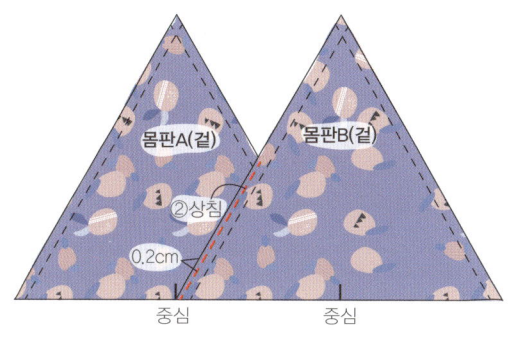

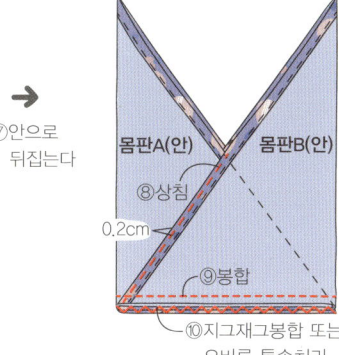

**완성**

## no.09
# 빅 포켓 토트백

화보 P.028 / 패턴 C면

**완성사이즈**
30cm×22cm×6cm (끈 제외)

**재료**
겉몸판감 42cm×60cm
안몸판감 42cm×60cm
주머니감 50cm×55cm
가방심지 42cm×60cm
소잉심지 50cm×60cm

**만드는 방법**
1 손잡이끈을 만들어 겉몸판에 단다
2 주머니를 만들어 겉몸판에 단다
3 몸판을 만든다
4 겉몸판과 안몸판을 연결한다

**재단배치도**
※ 원단은 안쪽면을 기준으로 재단합니다
※ ○안의 숫자는 시접양입니다.
　숫자가 없는 곳은 1cm의 시접으로 재단합니다

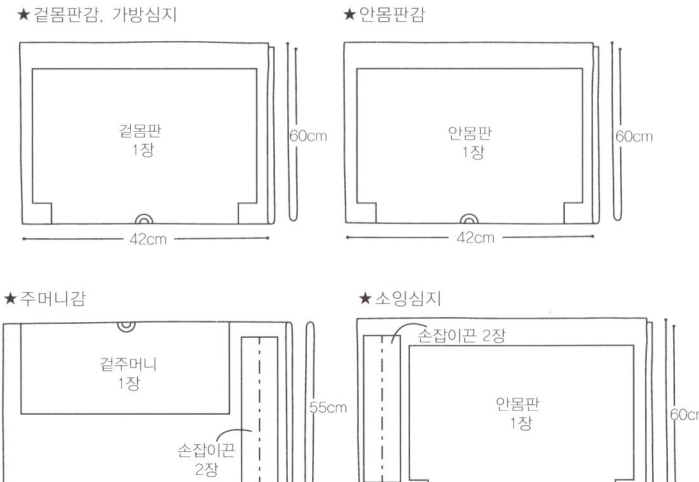

### 1. 손잡이끈을 만들어 겉몸판에 단다

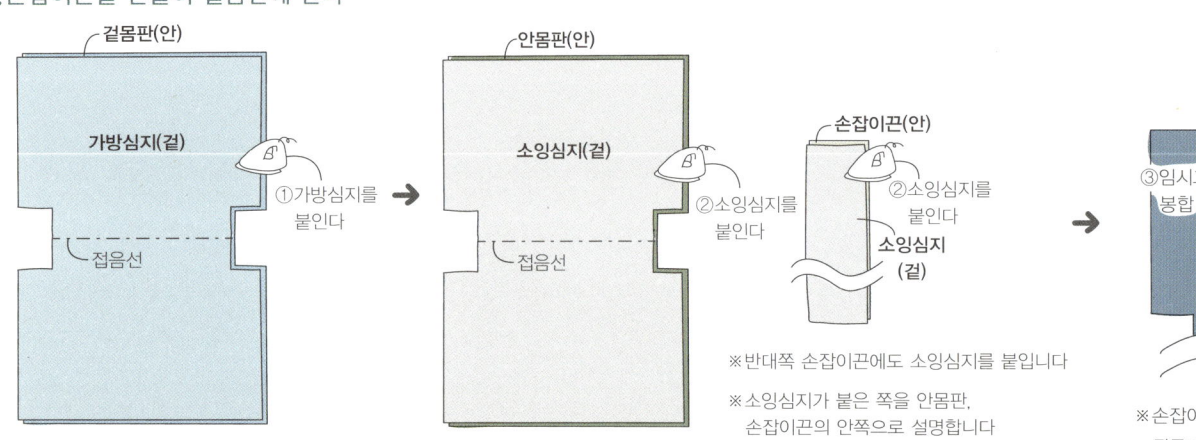

### 2. 주머니를 만들어 겉몸판에 단다

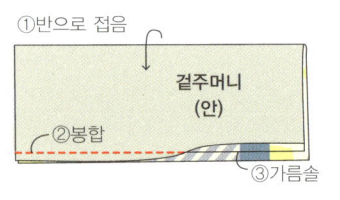

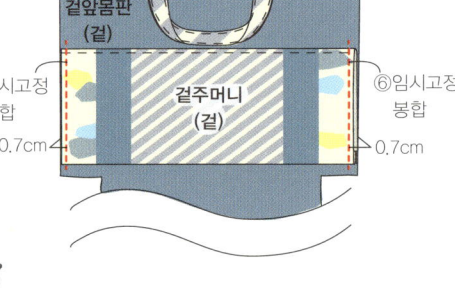

## no.09 빅 포켓 토트백

### 3. 몸판을 만든다

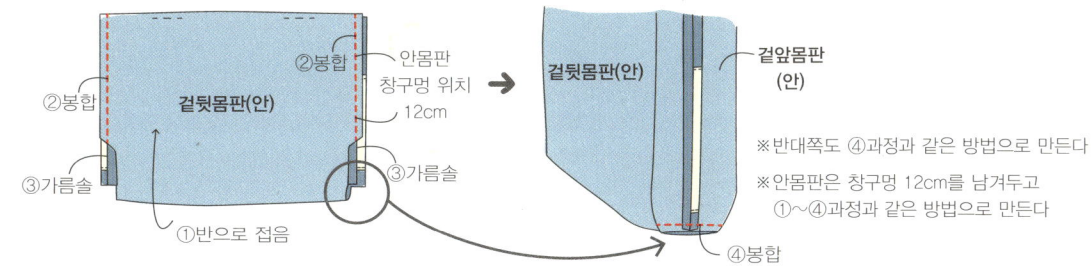

### 4. 겉몸판과 안몸판을 연결한다

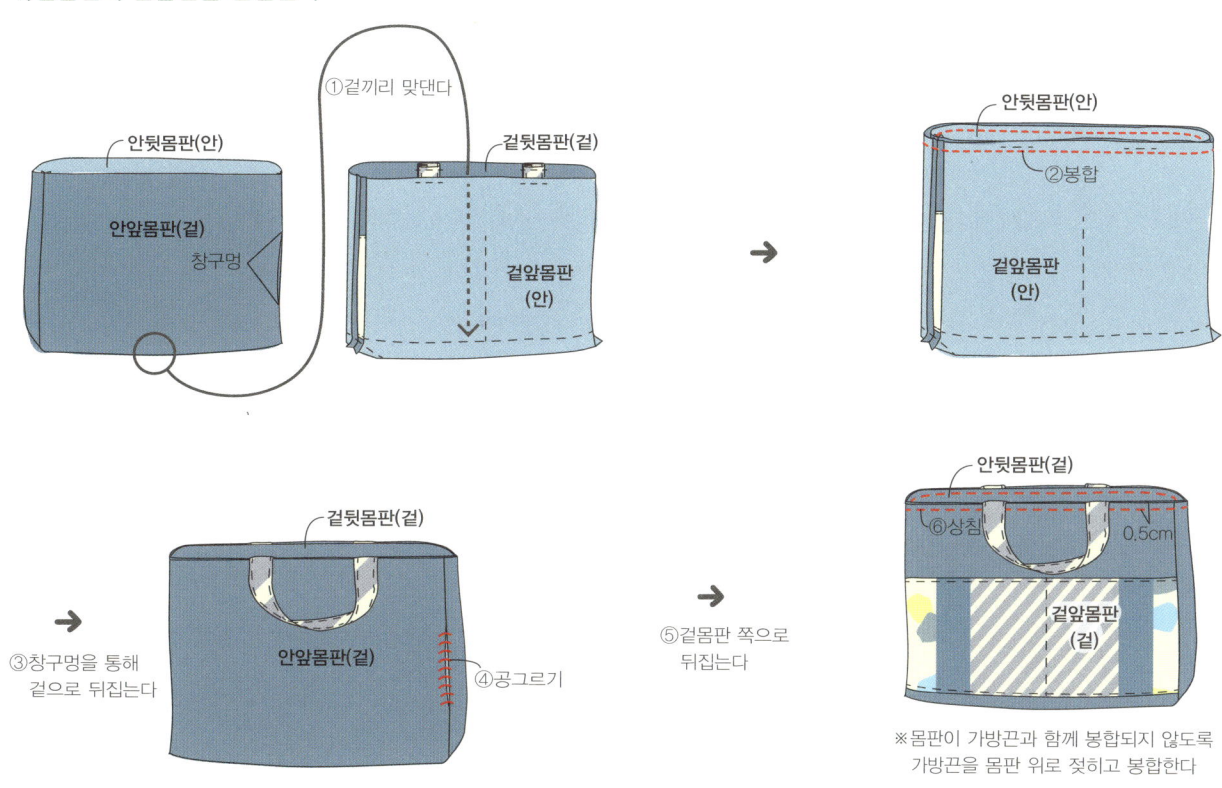

완성

## no.10
## 런치백

화보 P.030 / 패턴 A면

**완성사이즈**
40cm×34cm (끈 제외)

**재료**
겉몸판감 110cm×50cm
안몸판감 90cm×45cm
배색감 90cm×35cm
가방심지 90cm×45cm
소잉심지 110cm×50cm
둥근 면끈 1팩
2.5cm폭 가죽라벨 1개

**만드는 방법**
1 심지를 붙인다
2 입구를 만든다
3 손잡이끈을 만들어 겉몸판에 단다
4 몸판의 다트를 접는다
5 몸판을 만든다
6 몸판과 입구를 연결한다

**재단배치도**
※원단은 안쪽면을 기준으로 재단합니다
※○안의 숫자는 시접양입니다.
　숫자가 없는 곳은 1cm의 시접으로 재단합니다

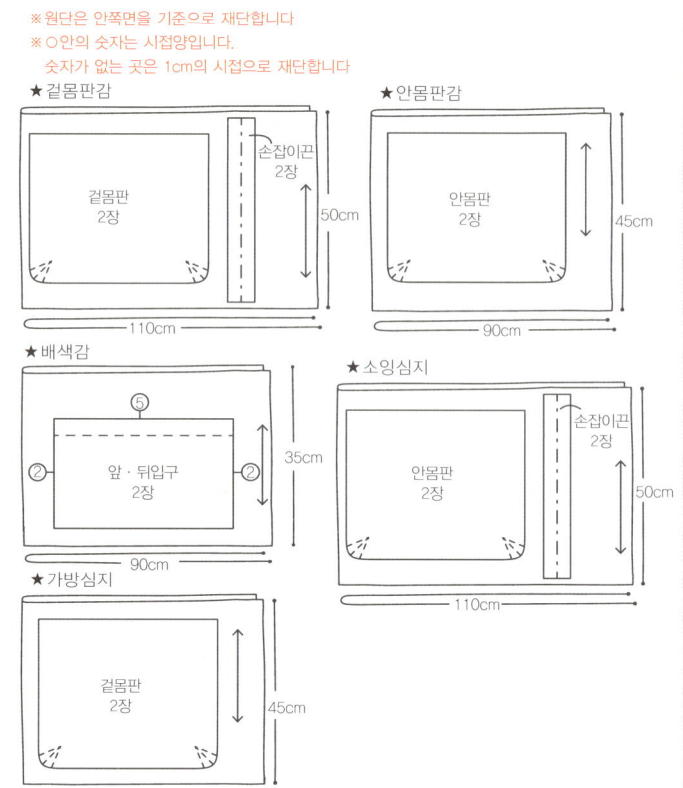

### 1. 심지를 붙인다

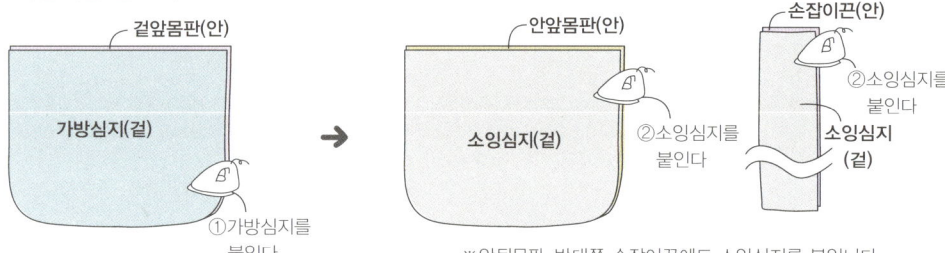

### 2. 입구를 만든다

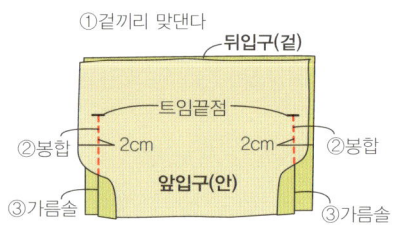

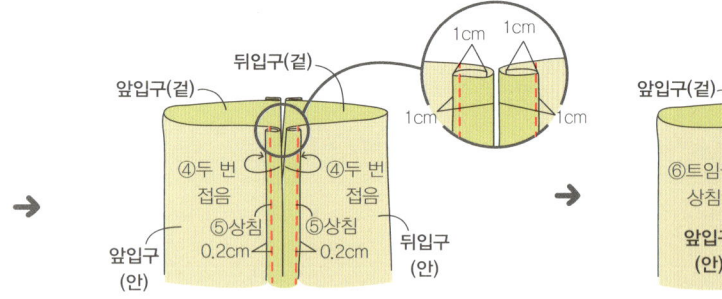

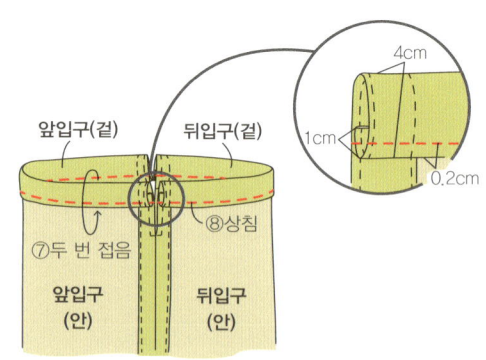

### 3. 손잡이끈을 만들어 겉몸판에 단다

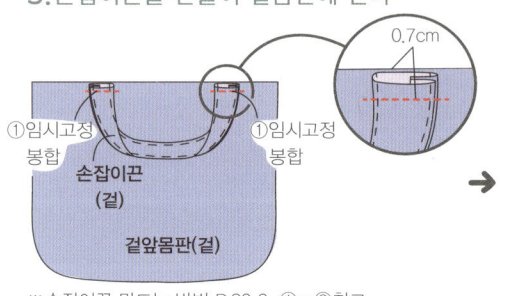

※손잡이끈 만드는 방법 P.83 2-①~③참고
※겉뒷몸판도 손잡이끈을 고정시킨다

### 4. 몸판의 다트를 접는다

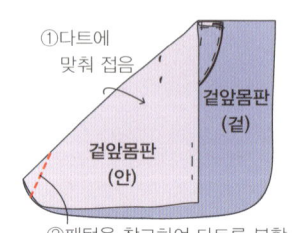

※반대쪽도 ①~②과정과 같은 방법으로 만든다

## no.10 런치백

### 5. 몸판을 만든다

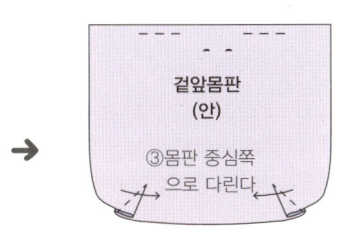

※겉뒷몸판, 안앞·뒤몸판도
①~③과정과 같은 방법으로 만든다

①겉끼리 맞댄다

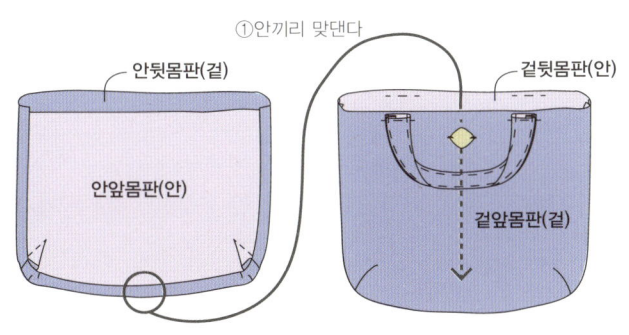

②봉합
③가름솔
③몸판 중심쪽으로 다린다

※안앞·뒤몸판도 ①~③과정과
같은 방법으로 만든다

### 6. 몸판과 입구를 연결한다

①안끼리 맞댄다

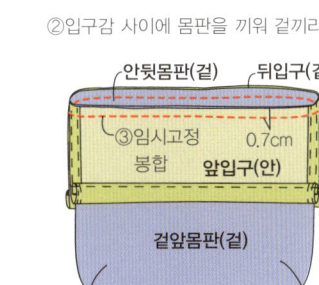

②입구감 사이에 몸판을 끼워 겉끼리 맞댄다

③임시고정 봉합  0.7cm

④입구감을 겉으로 뒤집어
몸판 안으로 집어 넣는다

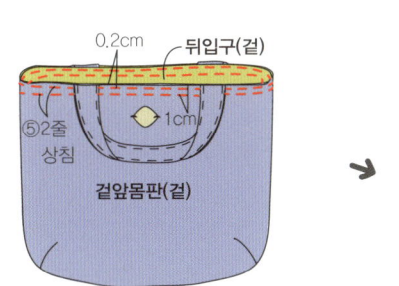

0.2cm   뒤입구(겉)
⑤2줄 상침   1cm
겉앞몸판(겉)

※몸판이 손잡이끈과 함께 봉합되지 않도록
손잡이끈을 몸판 위로 젖히고 봉합한다

⑥화살표 방향대로
끈을 교차시켜 끼운다

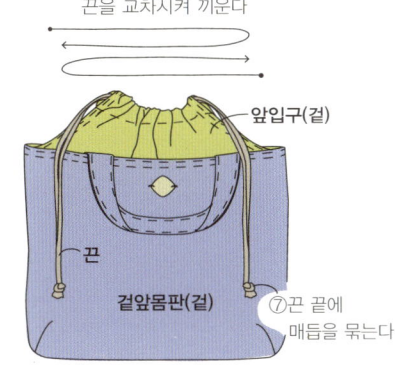

앞입구(겉)
끈
겉앞몸판(겉)
⑦끈 끝에 매듭을 묶는다

완성

## no.11
# 리본 에코백

화보 P.032 / 패턴 B면

**완성사이즈**
36cm×34cm×4cm (끈 제외)

**재료**
겉몸판감 70cm×136cm
안몸판감 45cm×90cm
소잉심지 110cm×136cm

**만드는 방법**
1. 손잡이끈을 만들어 겉몸판에 단다
2. 리본 통로를 만든다
3. 몸판을 만들고 리본 통로를 단다
4. 겉몸판과 안몸판을 연결한다
5. 리본끈을 만들어 리본 통로에 끼워 넣는다

**재단배치도**

※ 원단은 안쪽면을 기준으로 재단합니다
※ ○안의 숫자는 시접양입니다.
   숫자가 없는 곳은 1cm의 시접으로 재단합니다

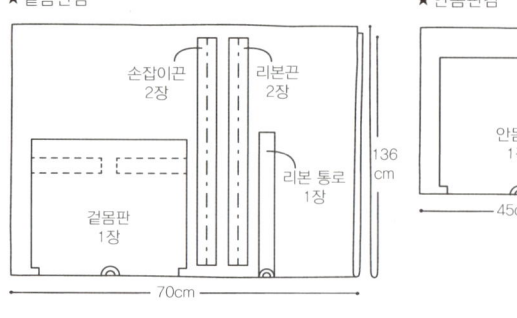

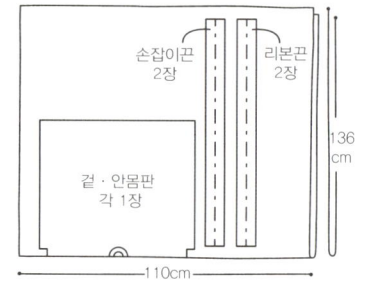

### 1. 손잡이끈을 만들어 겉몸판에 단다

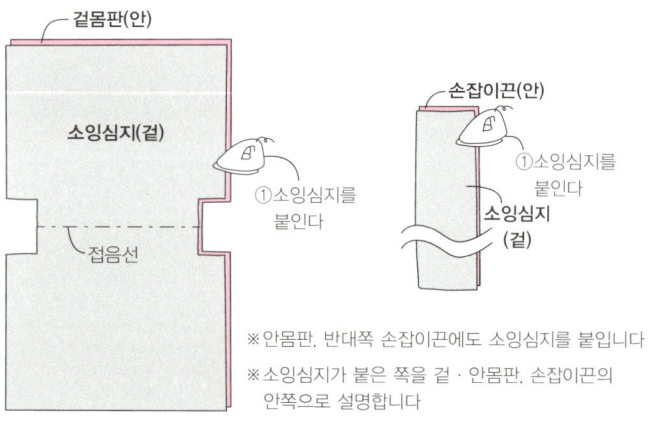

### 2. 리본 통로를 만든다

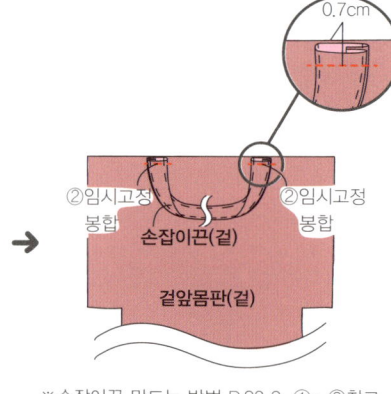

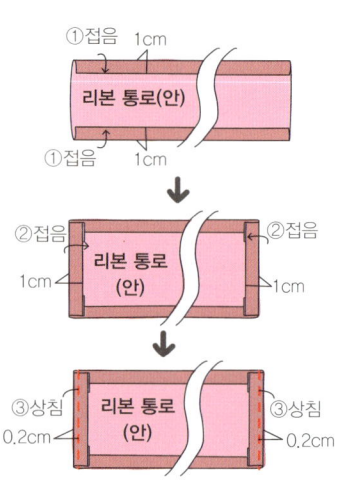

### 3. 몸판을 만들고 리본 통로를 단다

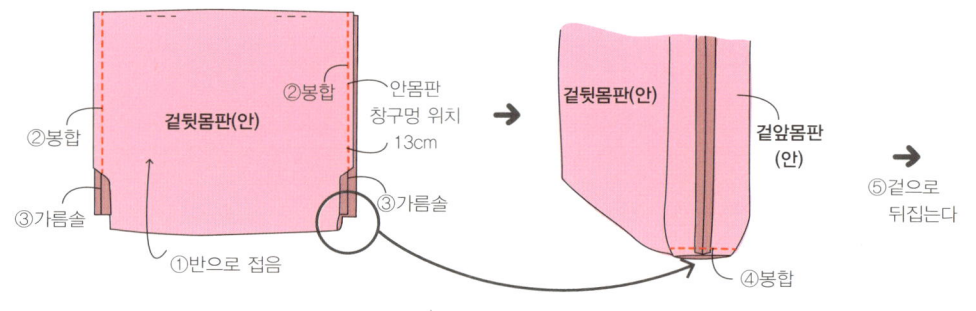

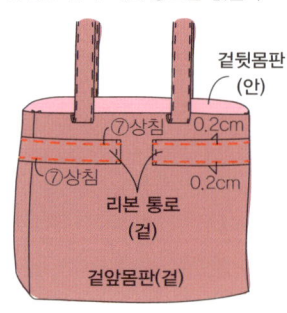

no.11 **리본 에코백**

### 4. 겉몸판과 안몸판을 연결한다

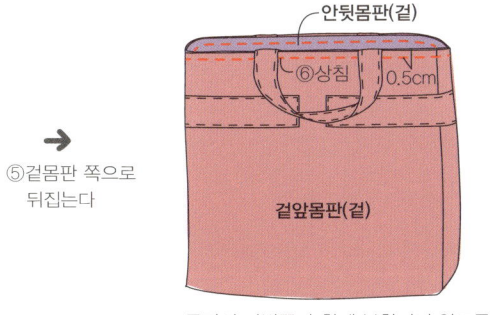
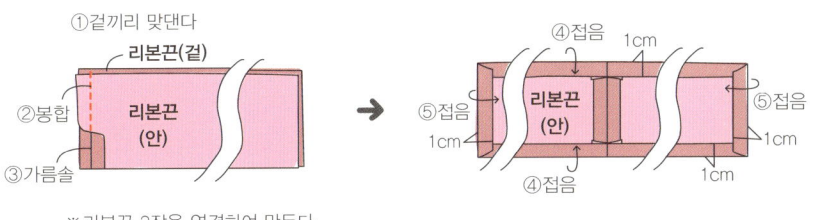

### 5. 리본끈을 만들어 리본 통로에 끼워 넣는다

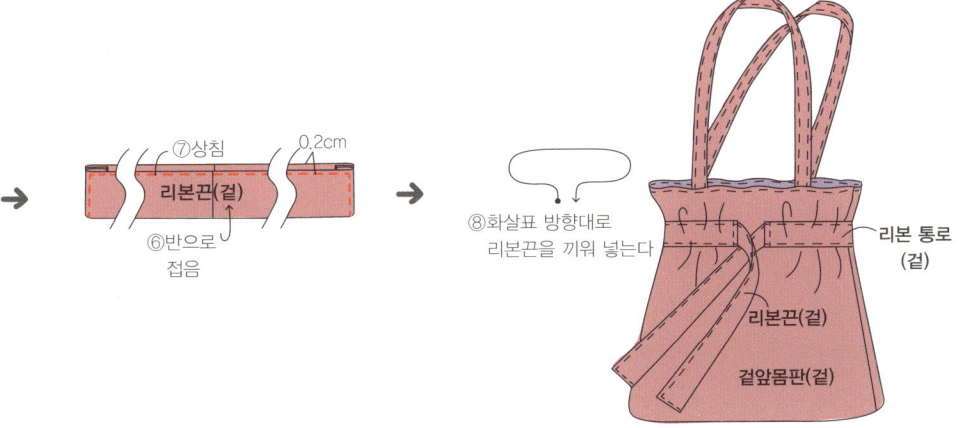

완성

## no.12 삼각 클러치 (S, L)

화보 P.034 / 패턴 D면

**완성사이즈**
S 11.5cm×11.5cm×12cm (끈 제외)
L 21.5cm×21.5cm×22cm (끈 제외)

**재료**
몸판감 S 30cm×20cm
　　　 L 50cm×30cm
지퍼 마감천 S·L 8cm×8cm
안감심지 S 30cm×15cm
　　　　 L 50cm×25cm
지퍼 S 20cm길이 1개
　　 L 30cm길이 2개
1cm폭 바이어스테이프 S·L 1팩

**만드는 방법**
1. 지퍼 마감천을 만들어 지퍼에 단다
2. 몸판에 지퍼를 단다
3. 몸판을 바이어스 처리한다
4. 몸판의 옆선을 바이어스 처리한다

### 재단배치도
※ 원단은 안쪽면을 기준으로 재단합니다
※ ○안의 숫자는 시접양입니다.
　 숫자가 없는 곳은 1cm의 시접으로 재단합니다

★ 몸판감
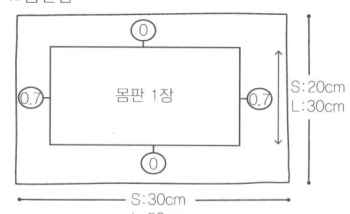

★ 지퍼 마감천
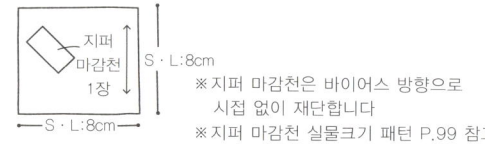
※ 지퍼 마감천은 바이어스 방향으로 시접 없이 재단합니다
※ 지퍼 마감천 실물크기 패턴 P.99 참고

★ 안감심지
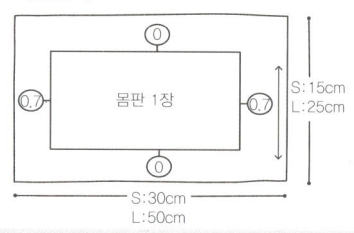

### 1. 지퍼 마감천을 만들어 지퍼에 단다

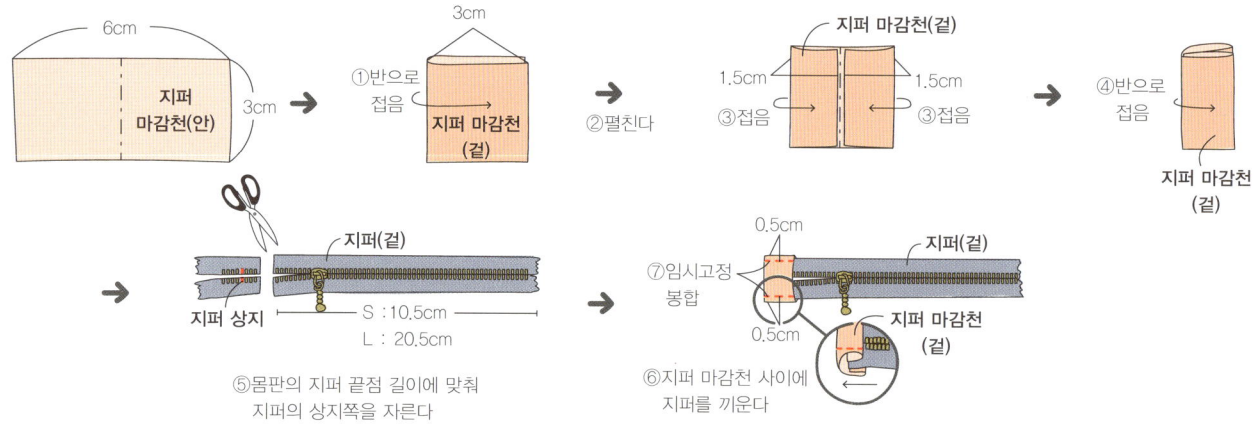

### 2. 몸판에 지퍼를 단다

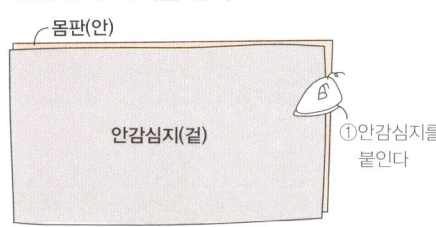

### 3. 몸판을 바이어스 처리한다

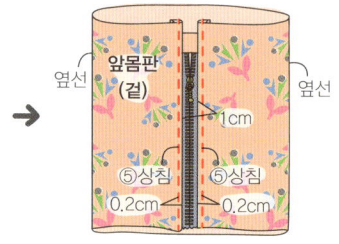

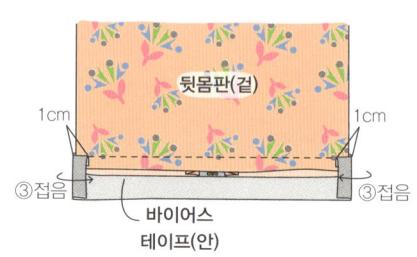

no.12 **삼각 클러치(S,L)**

**4. 몸판의 옆선을 바이어스 처리한다**

뒷몸판(겉)
④접음
바이어스 테이프(겉)
0.9cm

뒷몸판(겉)
⑤접음 0.9cm
⑥상침 0.2cm
바이어스 테이프(겉)

몸판(겉)

1cm ①봉합 0.9cm ②접음 1cm
바이어스테이프(안)
몸판(겉)

※바이어스테이프 길이
S : 28cm / L : 52cm

바이어스 테이프(겉)
③몸판 바깥쪽으로 꺾어 다린다
입구 시작
몸판(겉)

④반대쪽으로 뒤집는다

바이어스 테이프(안)
1cm
⑤접음
입구 시작
몸판(겉)

바이어스 테이프(겉)
⑥접음 0.9cm
입구 시작
몸판(겉)

⑦접음 0.9cm
바이어스 테이프(겉)
⑧상침 0.2cm
입구 시작
몸판(겉)

⑨바이어스테이프 끝을 겹친다
0.2cm 0.2cm
⑩상침
바이어스테이프(겉)
몸판(겉)

완성
〈L-2〉
〈L-1〉
〈S〉

〈지퍼 마감천 실물크기 패턴〉
no.12 지퍼 마감천
접음선

099

## no.13 크로스백

화보 P.036 / 패턴 A면

### 완성사이즈
37cm×40cm×8cm (끈 제외)

### 재료
겉몸판감 110cm×60cm
안몸판감 110cm×90cm
소잉심지 110cm×60cm
퀼팅솜 110cm×60cm
가방심지 110cm×60cm
2.5cm폭 솜고정용 접착테이프 심지 1팩
3.2cm폭 웨이빙끈 2팩
크로스 핸들 1개
2.5cm폭 D링 2개
1cm폭 끼워라벨 1개
지름1.8cm 자석단추 1쌍

### 만드는 방법
1 심지를 붙인다
2 겉몸판에 웨이빙끈과 D링 고리감을 단다
3 주머니를 만들어 안몸판에 단다
4 몸판을 만든다
5 겉몸판과 안몸판을 연결한다

### 재단배치도
※ 원단은 안쪽면을 기준으로 재단합니다
※ ○안의 숫자는 시접양입니다.
   숫자가 없는 곳은 1cm의 시접으로 재단합니다

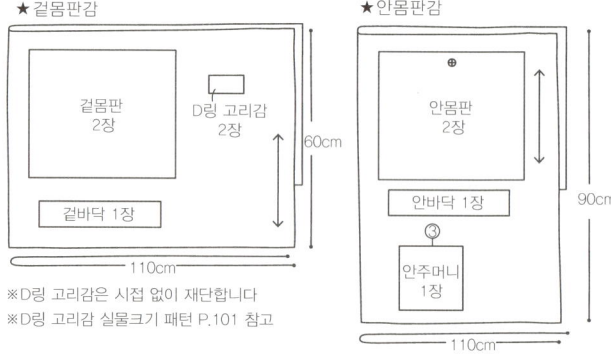

※ D링 고리감은 시접 없이 재단합니다
※ D링 고리감 실물크기 패턴 P.101 참고

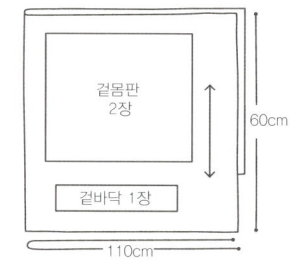
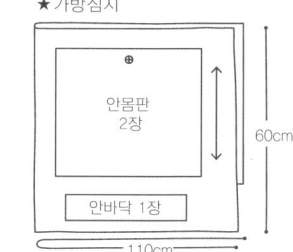

### 1. 심지를 붙인다

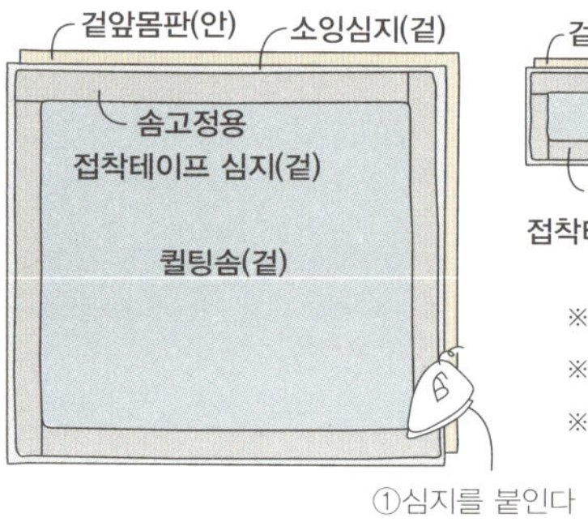

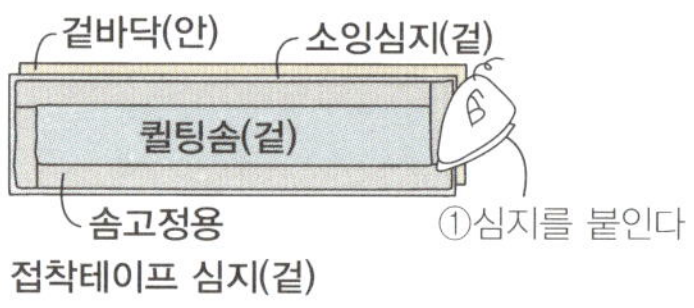

※ 심지 붙이는 방법 P.76 참고
※ 겉뒷몸판도 같은 방법으로 심지를 붙입니다
※ 심지가 붙은 쪽을 겉앞·뒤몸판, 겉바닥의 안쪽으로 설명합니다

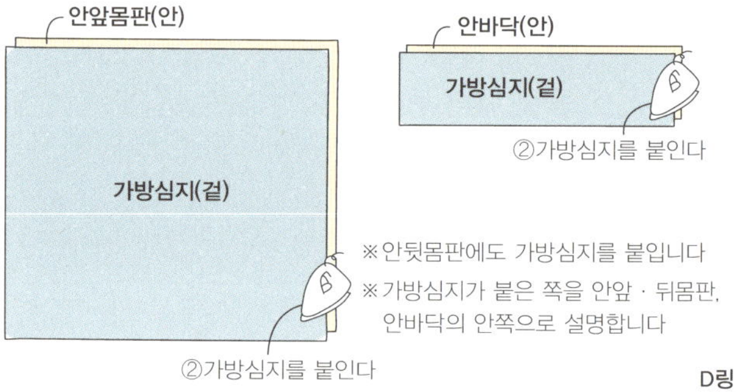

※ 안뒷몸판에도 가방심지를 붙입니다
※ 가방심지가 붙은 쪽을 안앞·뒤몸판, 안바닥의 안쪽으로 설명합니다

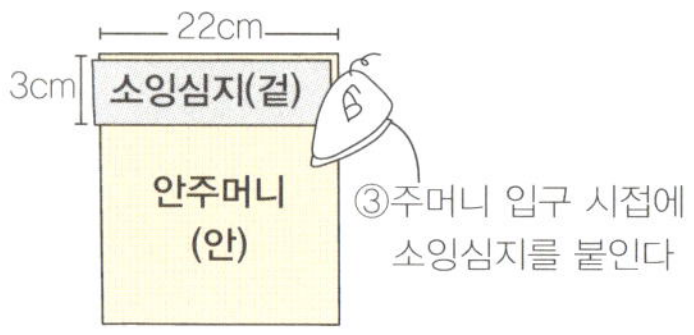

### 2. 겉몸판에 웨이빙끈과 D링 고리감을 단다

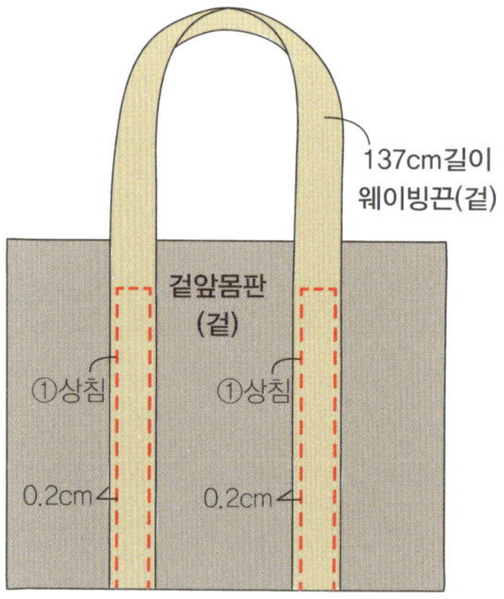

※ 겉뒷몸판도 ①과정과 같은 방법으로 만든다

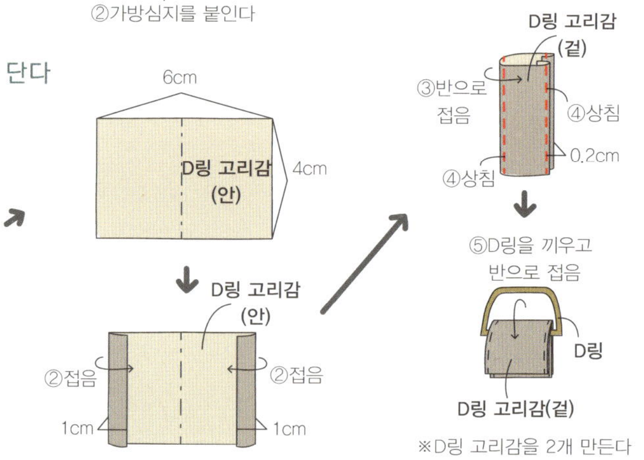

※ D링 고리감을 2개 만든다

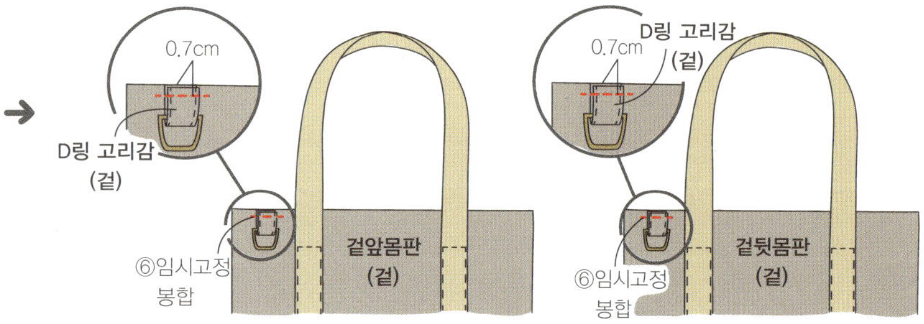

### 3. 주머니감을 만들어 안몸판에 단다

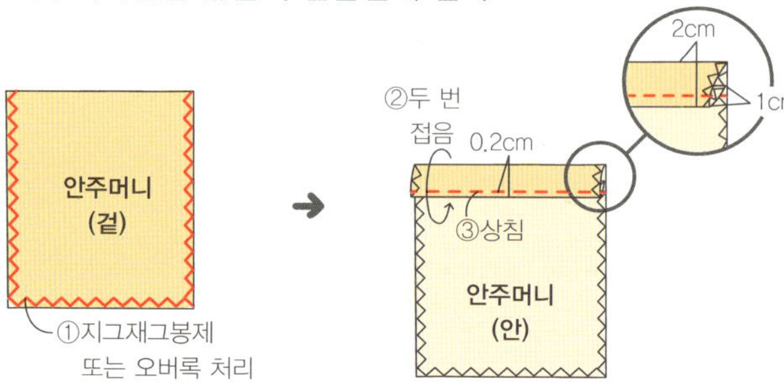

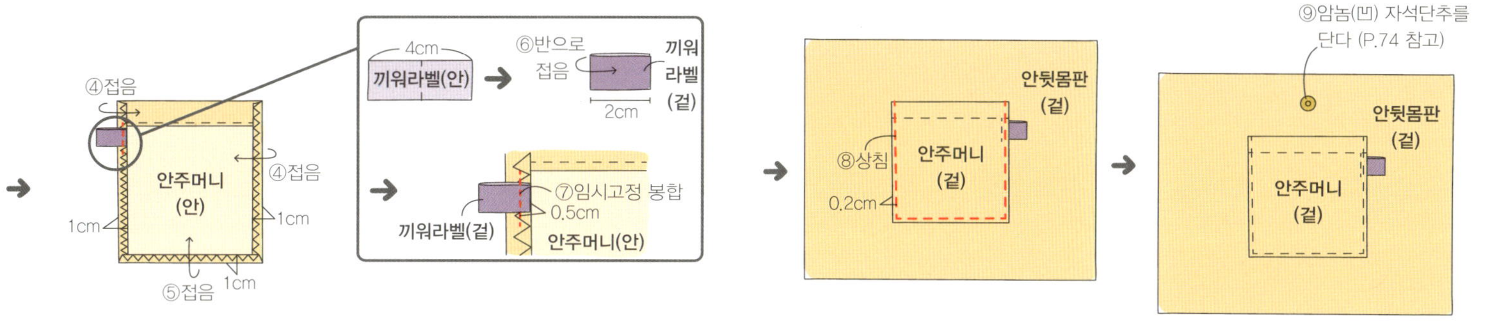

no.13 크로스백

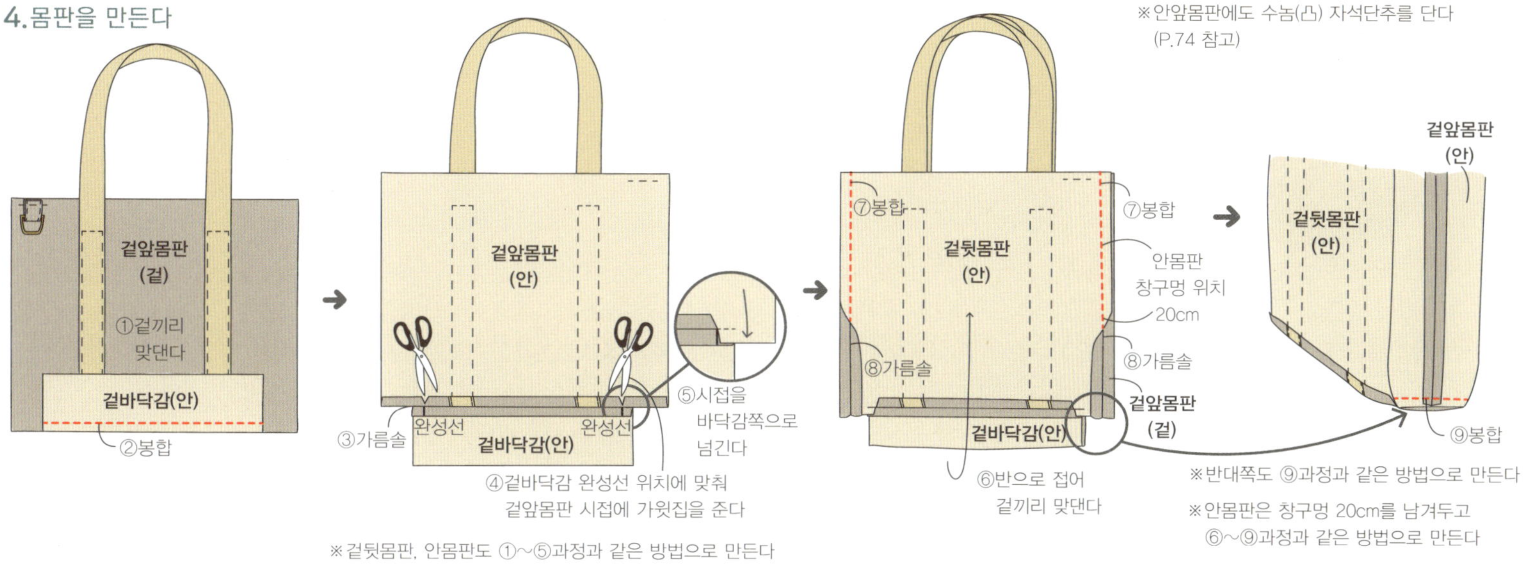

## no.14
# 라운드 숄더백

화보 P.038 / 패턴 A면

**완성사이즈**
44cm×44cm×14cm (끈 제외)

**재료**
겉몸판감 150cm×70cm
안몸판감 150cm×70cm
가방심지 110cm×70cm
소잉심지1 110cm×70cm
소잉심지2 70cm×40cm
둥근 면끈 1팩

**만드는 방법**
1 심지를 붙인다
2 몸판에 턱을 접는다
3 몸판을 만든다
4 겉몸판과 안몸판을 연결한다

**재단배치도**
※ 원단은 안쪽면을 기준으로 재단합니다
※ ○안의 숫자는 시접양입니다.
  숫자가 없는 곳은 1cm의 시접으로 재단합니다

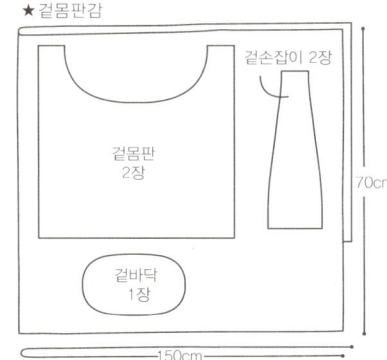
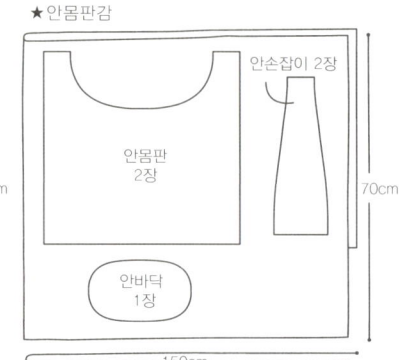
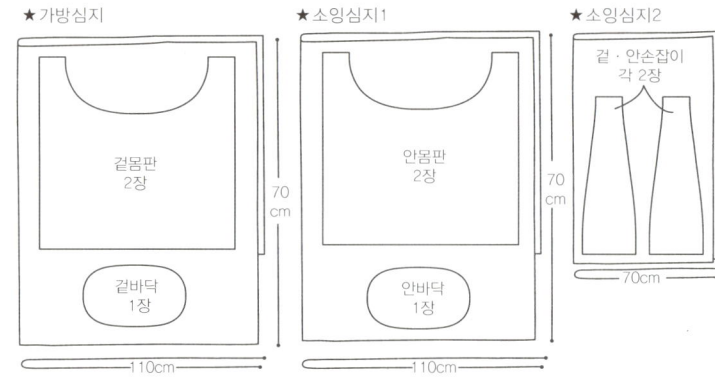

## 1. 심지를 붙인다

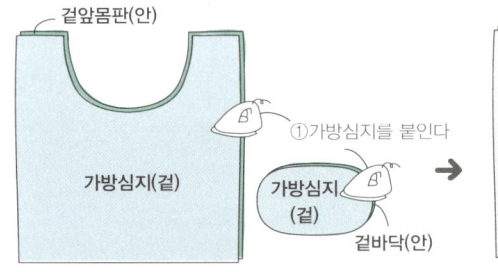

※ 겉뒷몸판에도 가방심지를 붙입니다
※ 가방심지가 붙은 쪽을 겉앞·뒤몸판, 겉바닥의 안쪽으로 설명합니다

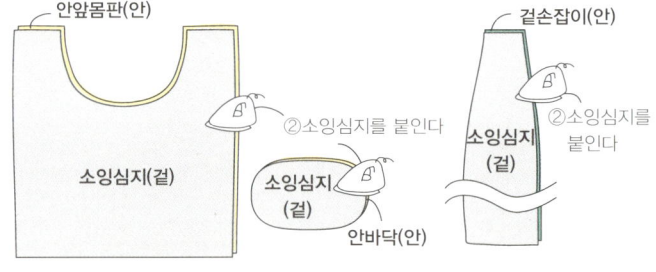

※ 안뒷몸판, 반대쪽 겉손잡이, 안손잡이에도 소잉심지를 붙입니다
※ 소잉심지가 붙은 쪽을 안앞·뒤몸판, 안바닥, 겉·안손잡이의 안쪽으로 설명합니다

## 2. 몸판에 턱을 접는다

※ 겉뒷몸판과 안몸판도 ①~②과정과 같은 방법으로 만든다

## 3. 몸판을 만든다

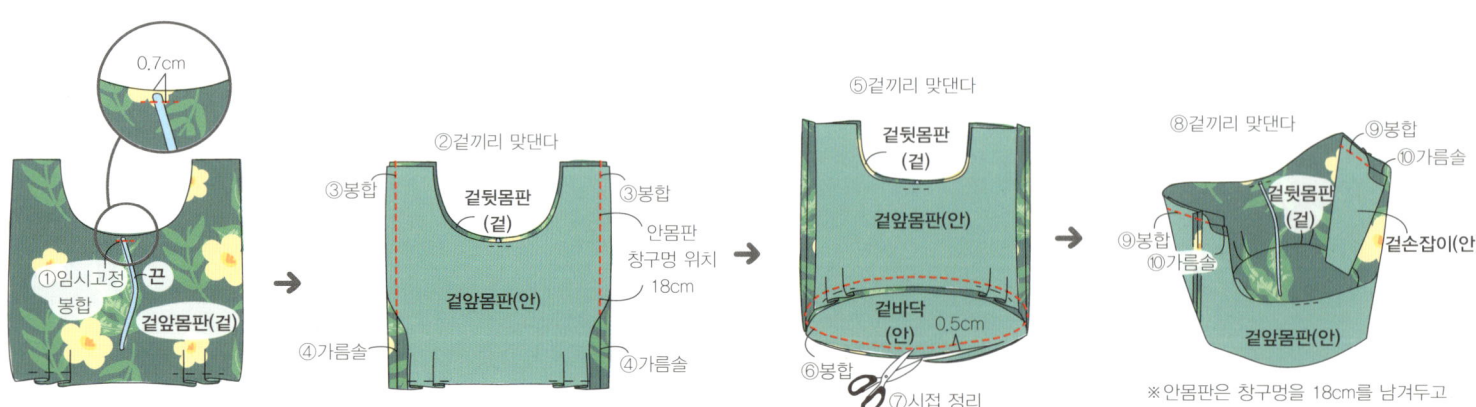

※ 겉뒷몸판도 ①과정과 같은 방법으로 만든다

※ 안몸판은 창구멍을 18cm를 남겨두고 ②~⑩과정과 같은 방법으로 만든다

no.14 라운드 숄더백

4. 겉몸판과 안몸판을 연결한다

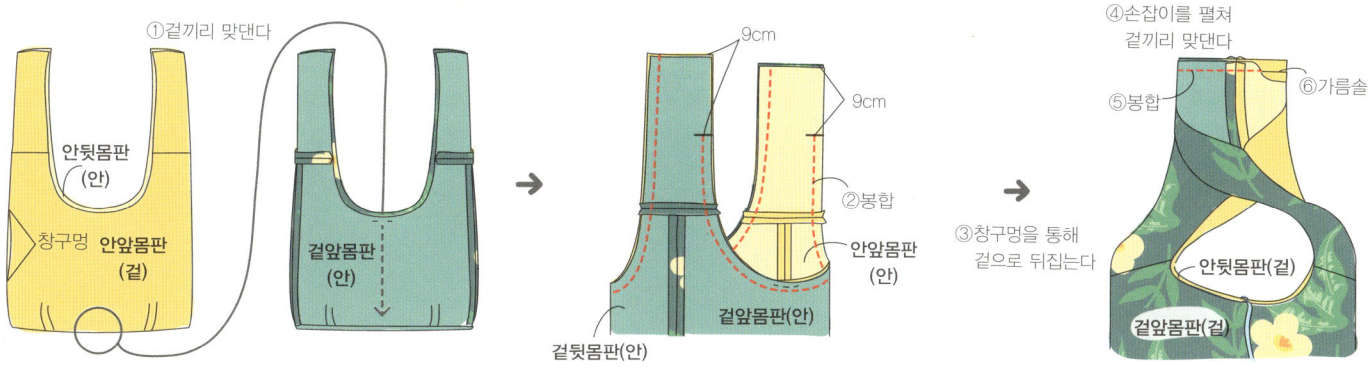

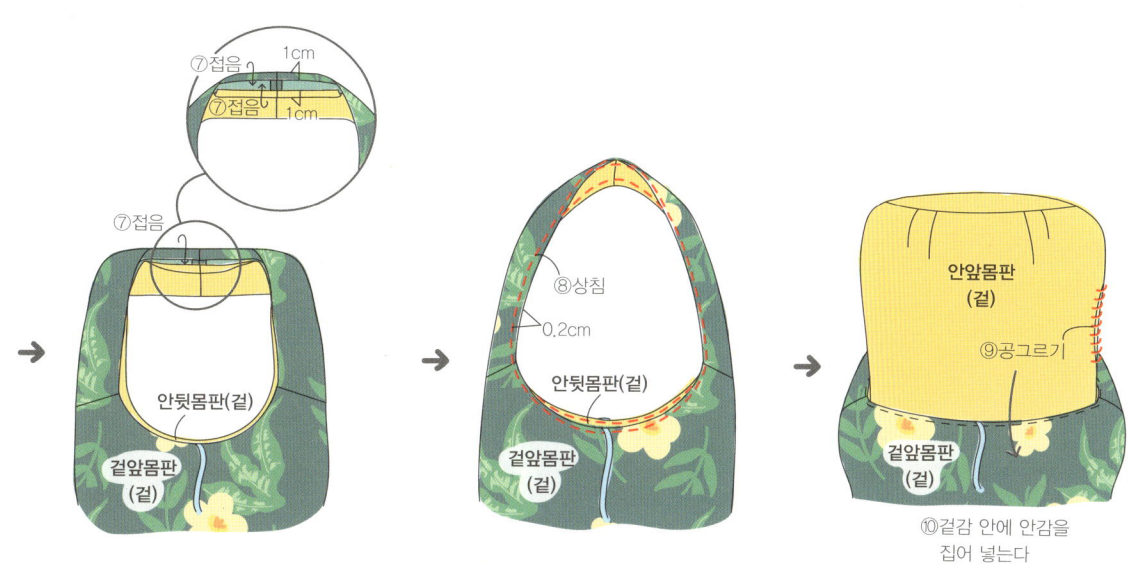

완성

## no.15
# 주름 토트백

화보 P.040 / 패턴 D면

**완성사이즈**

46cm×28cm (끈 제외)

**재료**

겉몸판감 110cm×30cm
안몸판감1 110cm×45cm
안몸판감2 13cm×45cm
커버링심지 110cm×45cm
소잉심지1 110cm×30cm
소잉심지2 13cm×45cm
6.5cm길이 가죽 사시꼬미 2쌍
1cm폭 가죽라벨 1개

**만드는 방법**

1. 심지를 붙인다
2. 입구를 만든다
3. 몸판을 연결한다
4. 몸판에 입구를 단다

**재단배치도**

※ 원단은 안쪽면을 기준으로 재단합니다
※ ○안의 숫자는 시접양입니다.
   숫자가 없는 곳은 1cm의 시접으로 재단합니다

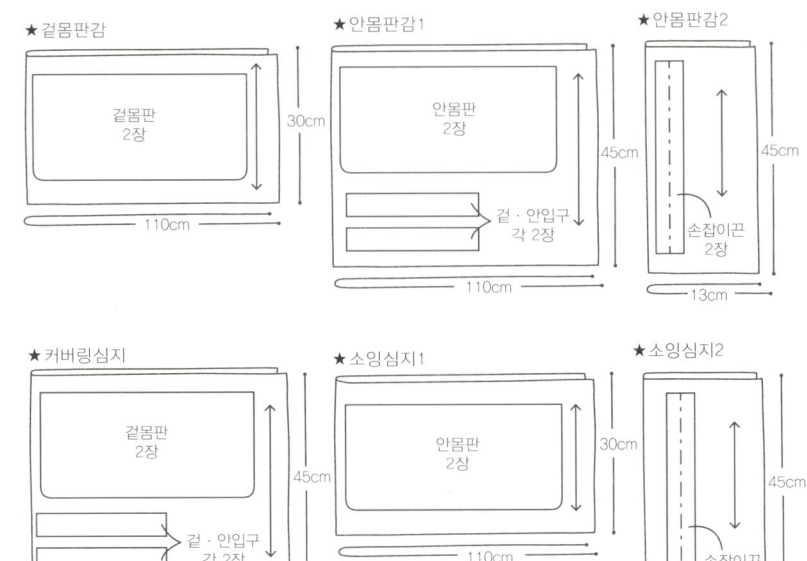

## 1. 심지를 붙인다

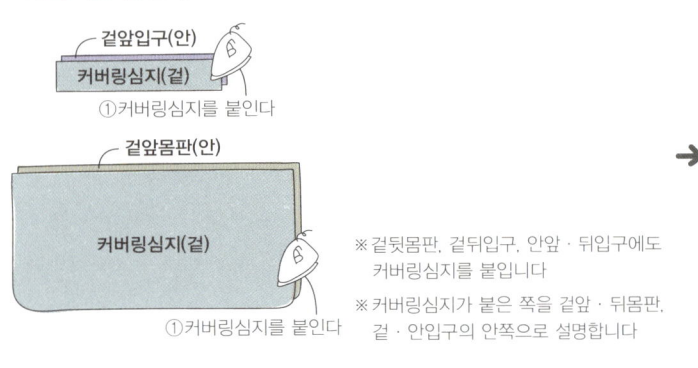

## 2. 입구를 만든다

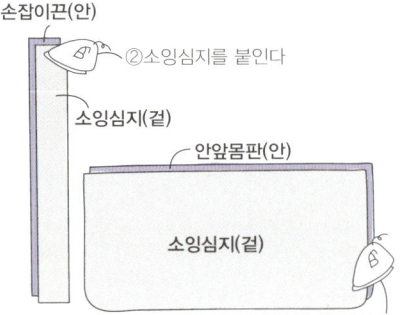

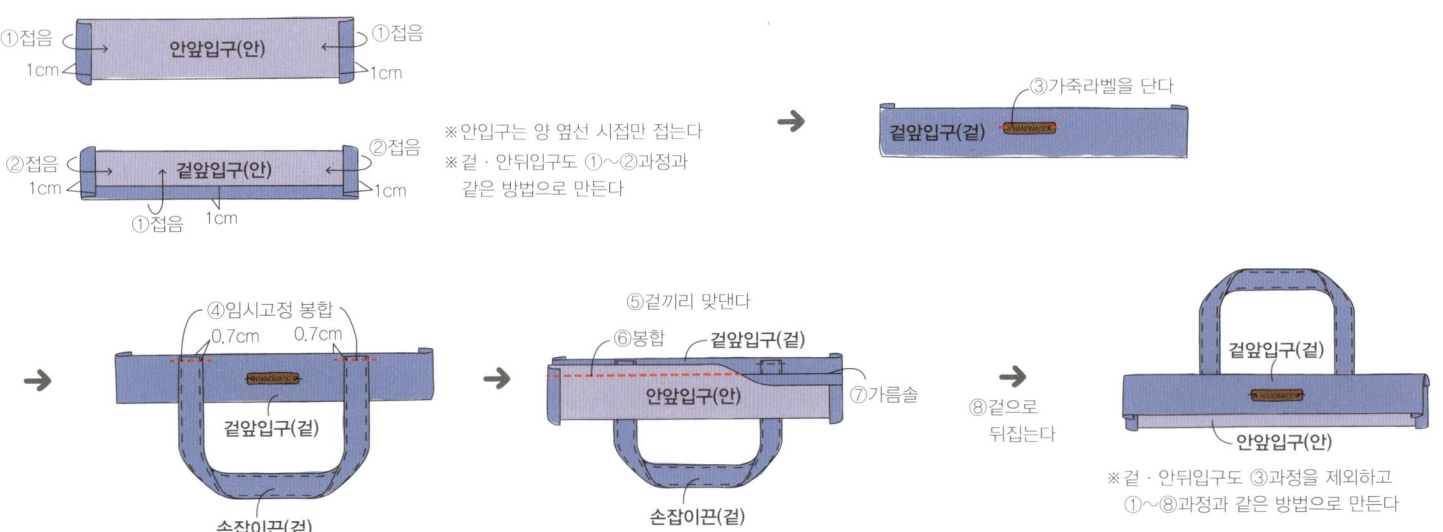

no.15 **주름 토트백**

## 3. 몸판을 연결한다

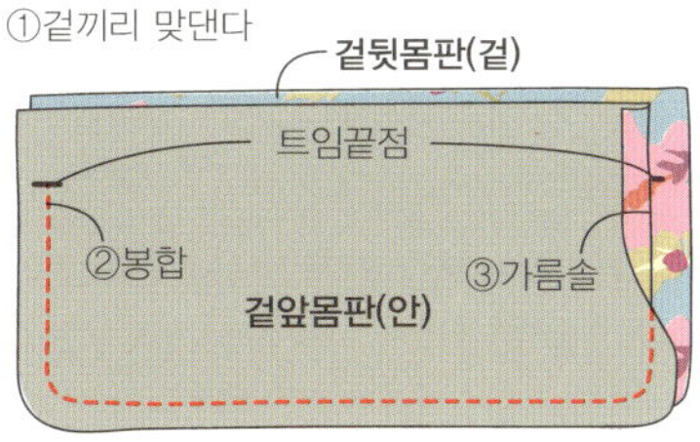

①겉끼리 맞댄다
겉뒷몸판(겉)
트임끝점
②봉합
③가름솔
겉앞몸판(안)
※안몸판도 ①~③과정과 같은 방법으로 만든다

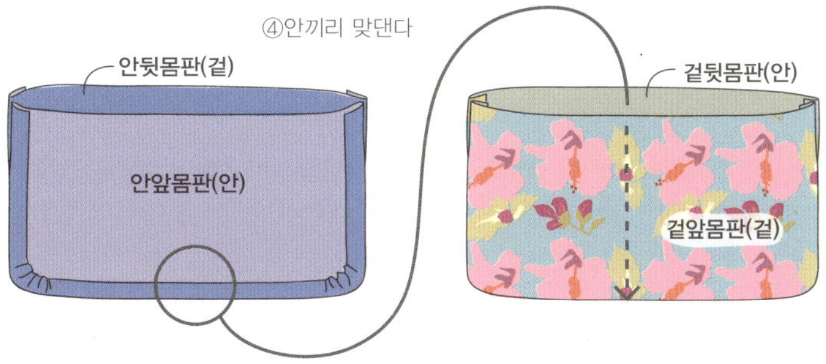

④안끼리 맞댄다
안뒷몸판(겉)
안앞몸판(안)
겉뒷몸판(안)
겉앞몸판(겉)

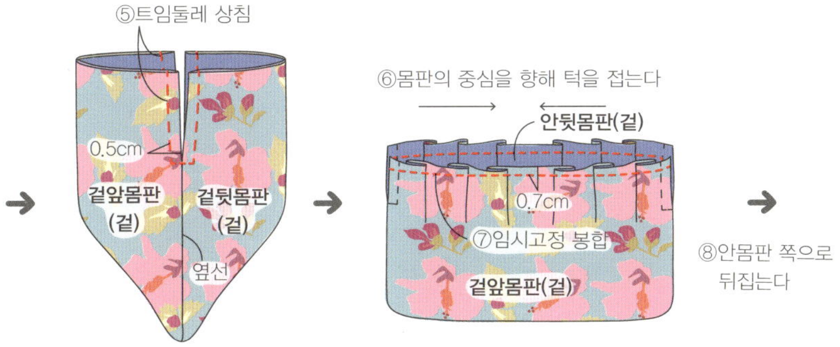

⑤트임둘레 상침
0.5cm
겉앞몸판(겉)
겉뒷몸판(겉)
옆선

⑥몸판의 중심을 향해 턱을 접는다
안뒷몸판(겉)
0.7cm
⑦임시고정 봉합
겉앞몸판(겉)

⑧안몸판 쪽으로 뒤집는다

## 4. 몸판에 입구를 단다

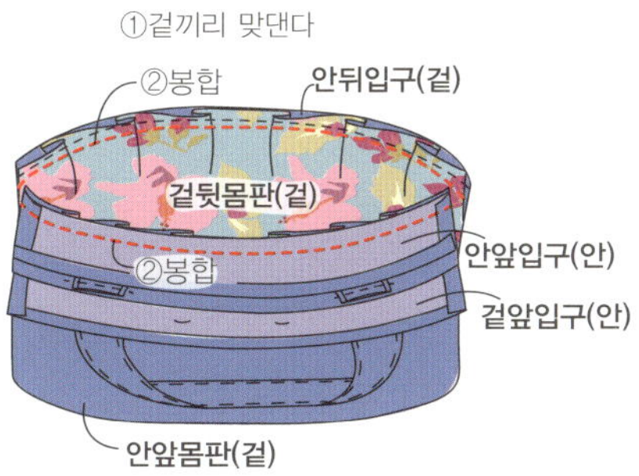

①겉끼리 맞댄다
②봉합
안뒤입구(겉)
겉뒷몸판(겉)
안앞입구(안)
겉앞입구(안)
안앞몸판(겉)

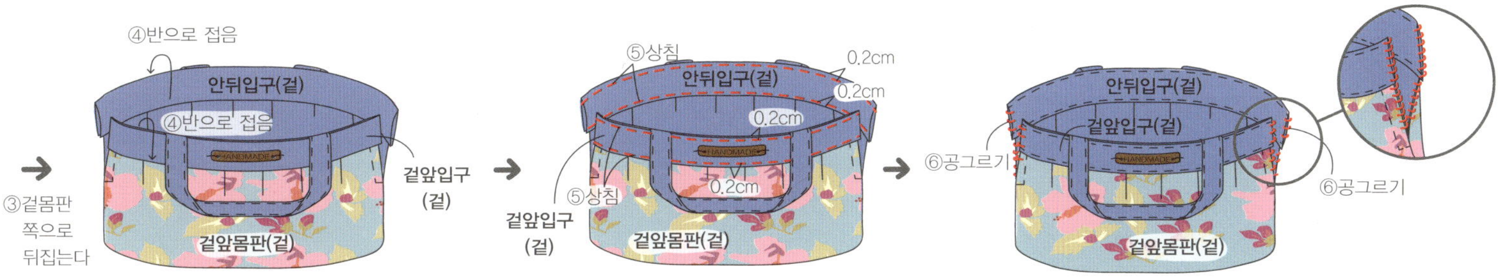

④반으로 접음
안뒤입구(겉)
④반으로 접음
③겉몸판 쪽으로 뒤집는다
겉앞입구(겉)
겉앞몸판(겉)
※몸판을 감싸듯이 입구를 접는다

⑤상침 0.2cm
안뒤입구(겉) 0.2cm
겉앞입구(겉) 0.2cm
⑤상침
겉앞몸판(겉)

안뒤입구(겉)
겉앞입구(겉)
⑥공그르기
⑥공그르기
겉앞몸판(겉)

⑦가죽 사시꼬미를 손바느질하여 단다
겉앞몸판(겉)
겉뒷몸판(겉)
옆선
※반대쪽도 가죽 사시꼬미를 단다

완성

105

## no.16
# 멀티 포켓 에코백

화보 P.042 / 패턴 B면

### 완성사이즈
36cm×38cm×8cm (끈 제외)

### 재료
겉몸판감1 100cm×120cm
겉몸판감2 20cm×120cm
안몸판감1 60cm×120cm
안몸판감2 20cm×120cm
소잉심지1 20cm×120cm
소잉심지2 100cm×120cm
가방심지 60cm×120cm
지름1.5cm 도트단추 1쌍
1cm폭 바이어스테이프 1팩
2cm폭 가죽라벨 1개

### 만드는 방법
1 심지를 붙인다
2 겉몸판을 만든다
3 주머니를 만들어 안몸판에 단다
4 안몸판을 만든다
5 겉몸판과 안몸판을 연결한다
6 몸판 둘레를 바이어스 처리한다

### 재단배치도
※ 원단은 안쪽면을 기준으로 재단합니다
※ ○안의 숫자는 시접양입니다.
숫자가 없는 곳은 1cm의 시접으로 재단합니다

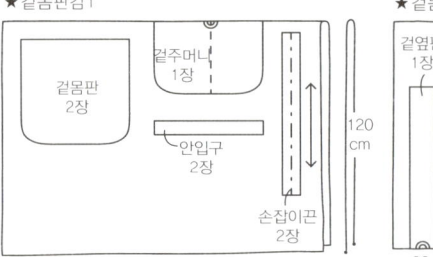
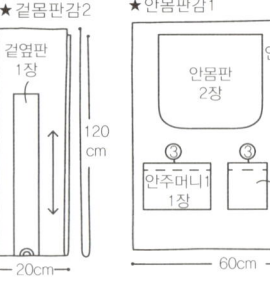
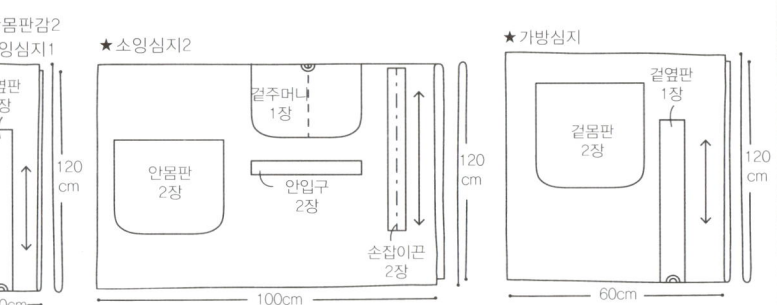

## 1. 심지를 붙인다

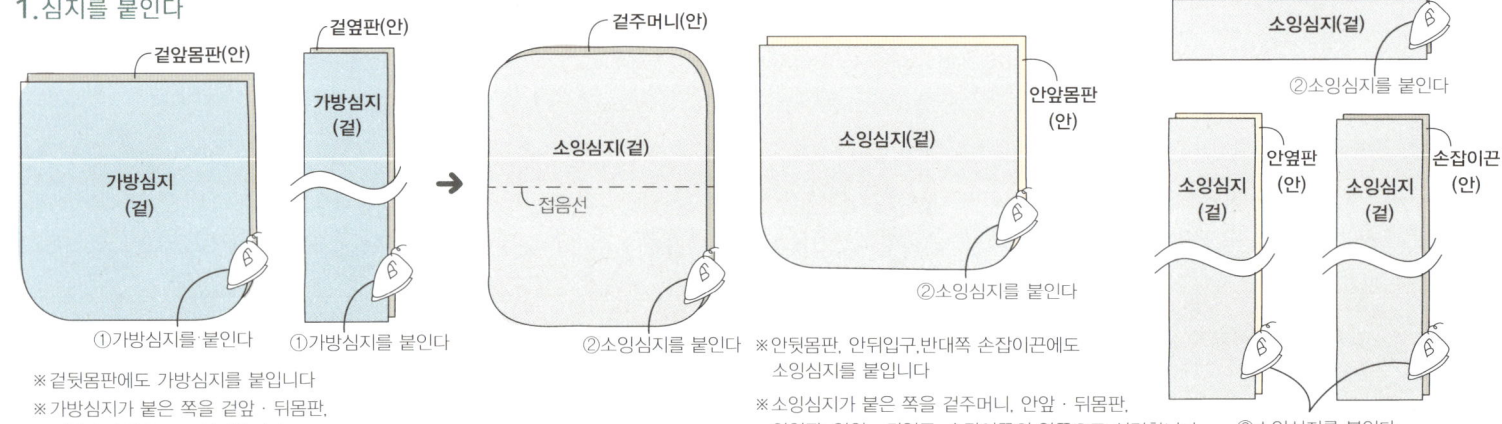

## 2. 겉몸판을 만든다

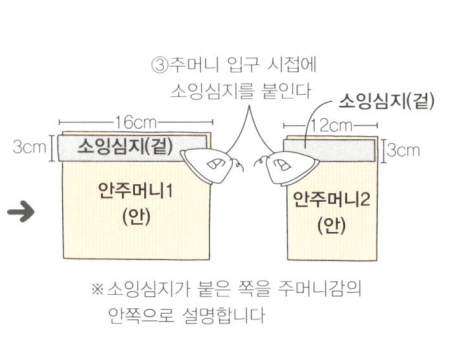
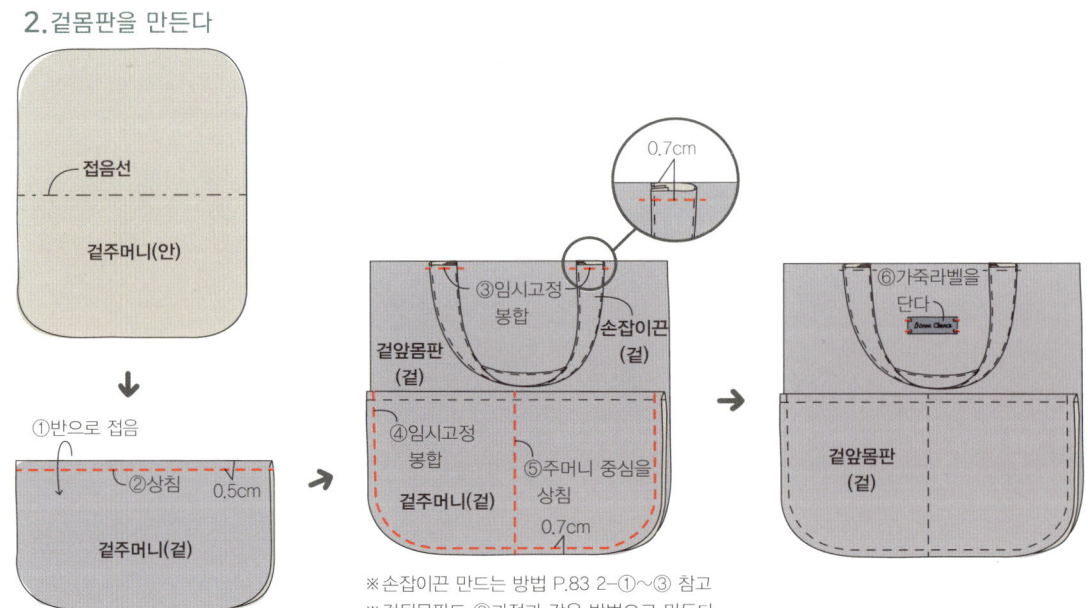

※ 손잡이끈 만드는 방법 P.83 2-①~③ 참고
※ 겉뒷몸판도 ③과정과 같은 방법으로 만든다

no.16 **멀티 포켓 에코백**

### 3. 주머니를 만들어 안몸판에 단다

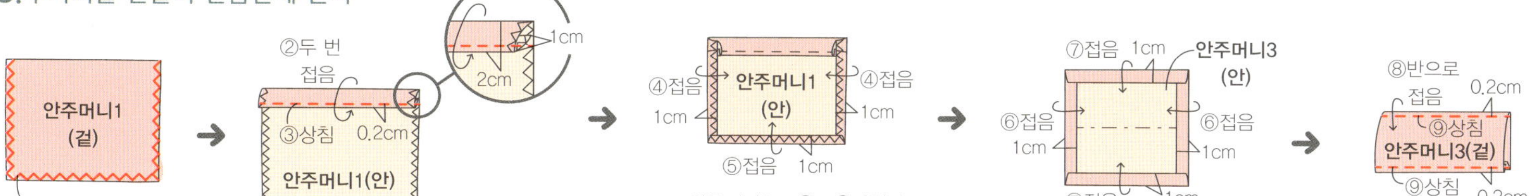

### 4. 안몸판을 만든다

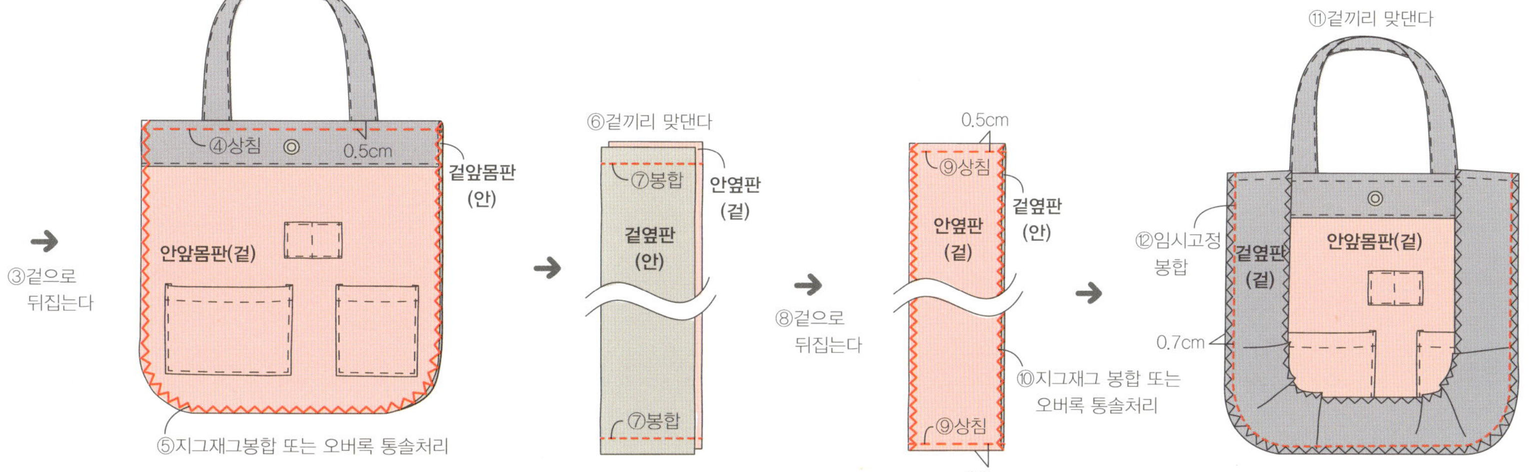

### 5. 겉몸판과 안몸판을 연결한다

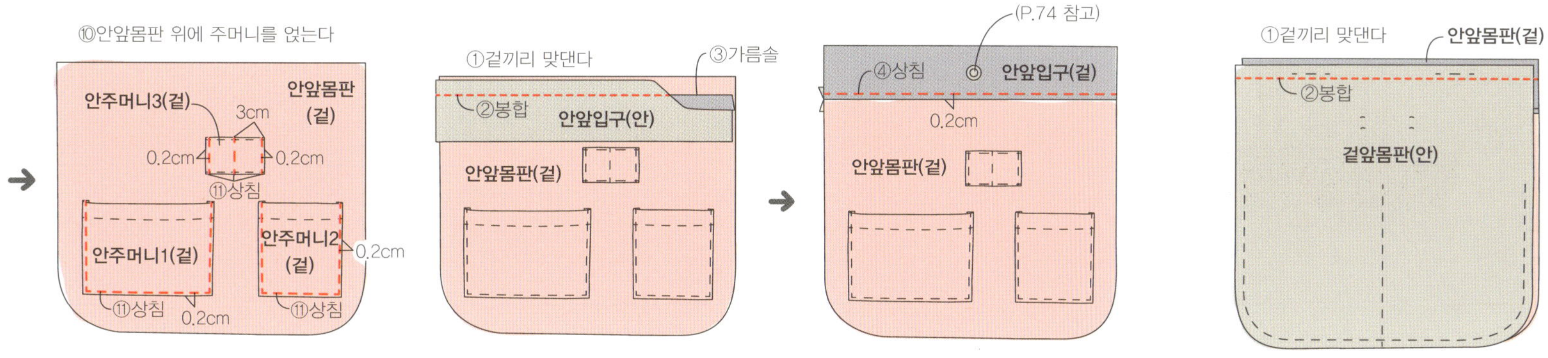

### 6. 몸판 둘레를 바이어스 처리한다

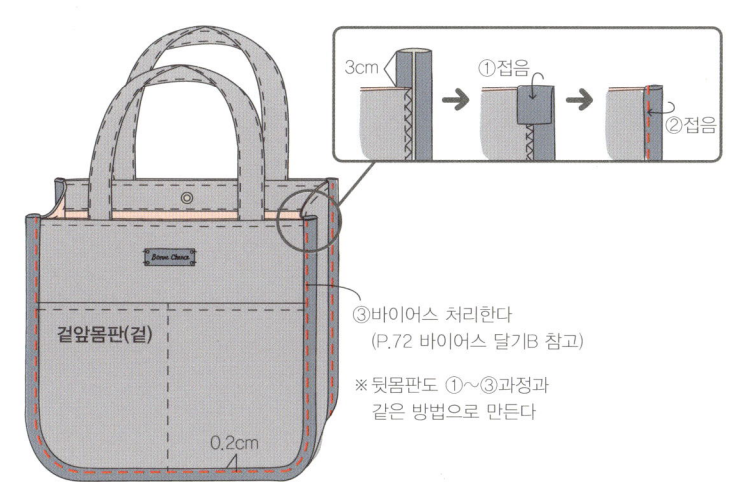

## no.17
### 쇼퍼백

화보 P.044 / 패턴 B면

**완성사이즈**
38cm×35cm×18cm (끈 제외)

**재료**
겉몸판감 150cm×45cm
겉배색감 150cm×25cm
안몸판감 150cm×70cm
지퍼 마감천 16cm×8cm
가방심지 150cm×55cm
소잉심지 40cm×5cm
100cm길이 지퍼 1개
3.8cm폭 웨이빙끈 2팩
2cm폭 면테이프 1팩
0.5cm폭 워셔블 매직테이프 1개
2cm폭 가죽라벨 1개

**만드는 방법**
1. 심지를 붙인다
2. 겉몸판을 만든다
3. 안몸판을 만든다
4. 몸판에 지퍼를 단다
5. 겉몸판과 안몸판을 연결한다

**재단배치도**
※ 원단은 안쪽면을 기준으로 재단합니다
※ ○안의 숫자는 시접양입니다.
  숫자가 없는 곳은 1cm의 시접으로 재단합니다

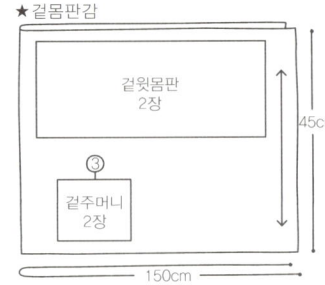
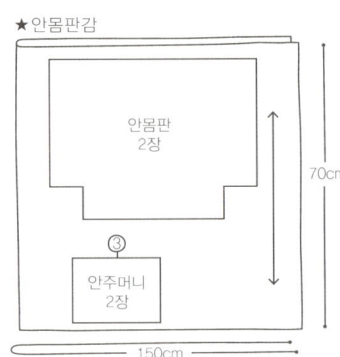
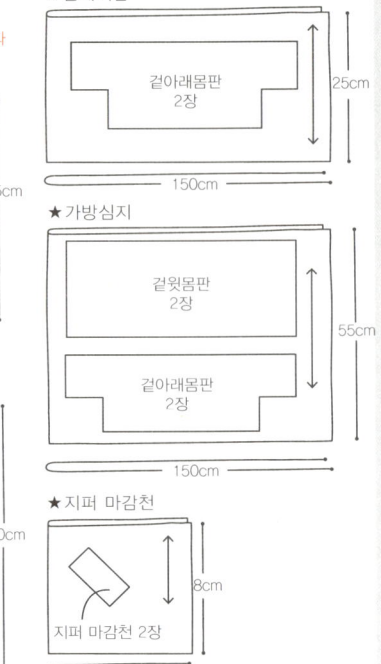

※ 지퍼 마감천은 바이어스 방향으로 시접 없이 재단합니다
※ 지퍼 마감천 실물크기 패턴 P.109 참고

### 1. 심지를 붙인다

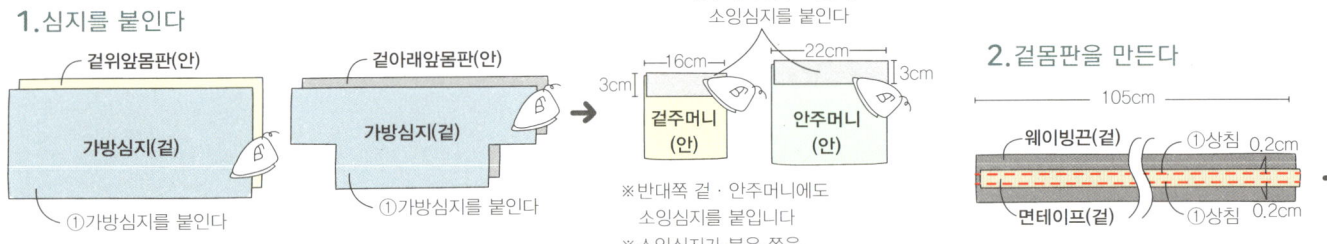

### 2. 겉몸판을 만든다

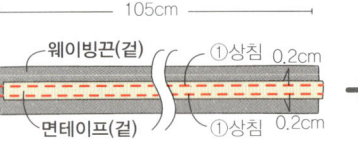

### 3. 안몸판을 만든다

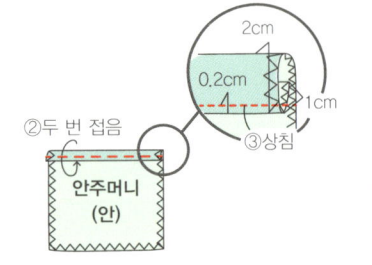
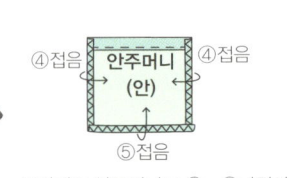
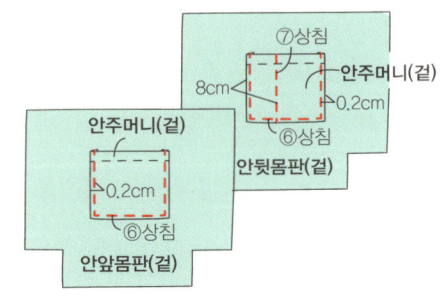

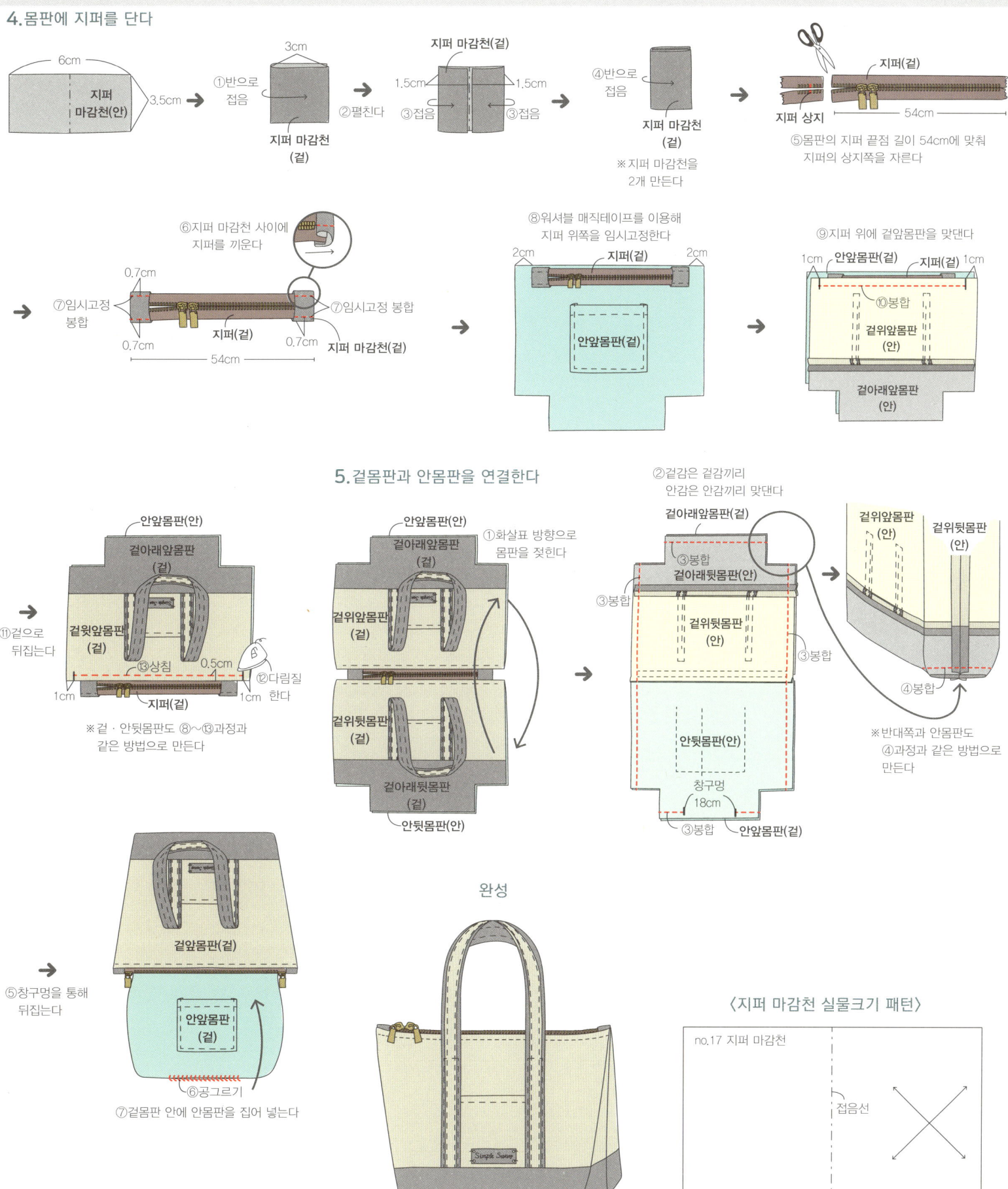

## no.18
# 스트링 백팩

화보 P.048 / 패턴 B면

### 완성사이즈
35cm×43cm (끈 제외)

### 재료
몸판감 100cm×105cm
안감심지 100cm×80cm
소잉심지 25cm×30cm
1.3cm폭 스트링끈 2팩
지름1.4cm 아플리케 자석단추 1쌍
2cm폭 가죽라벨 1개

### 만드는 방법
1 심지를 붙인다
2 주머니를 만든다
3 끈고리를 만들어 주머니에 단다
4 몸판을 만든다
5 뚜껑을 만들어 몸판에 단다
6 몸판에 끈을 끼운다

### 재단배치도
※ 원단은 안쪽면을 기준으로 재단합니다
※ ○안의 숫자는 시접양입니다.
　숫자가 없는 곳은 1cm의 시접으로 재단합니다

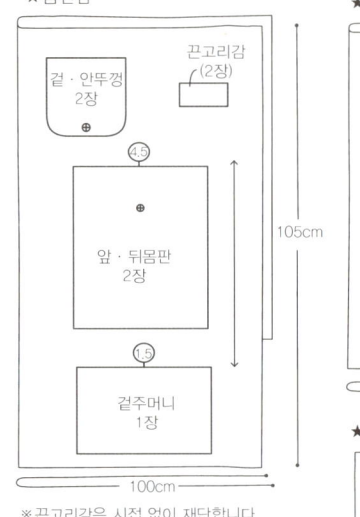
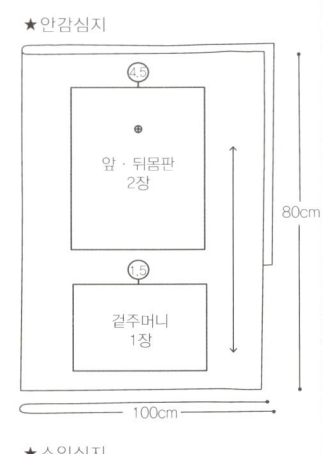

※ 끈고리감은 시접 없이 재단합니다
※ 끈고리감 실물크기 패턴 P.111 참고
※ 소잉심지는 안뚜껑감에만 붙입니다

## 1. 심지를 붙인다

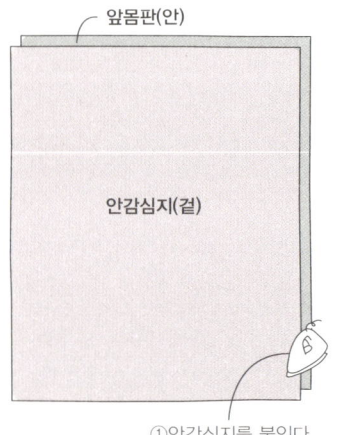
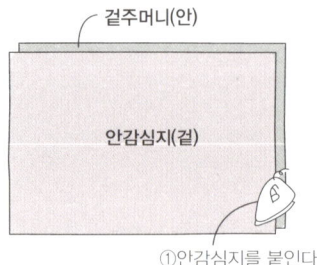
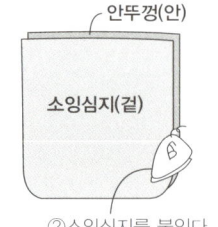

※ 뒷몸판에도 안감심지를 붙입니다
※ 안감심지가 붙은 쪽을 앞·뒷몸판, 겉주머니의 안쪽으로 설명합니다
※ 소잉심지가 붙은 쪽을 안뚜껑의 안쪽으로 설명합니다

## 2. 주머니를 만든다

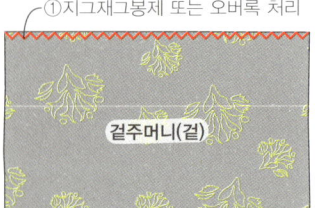

## 3. 끈고리를 만들어 주머니에 단다

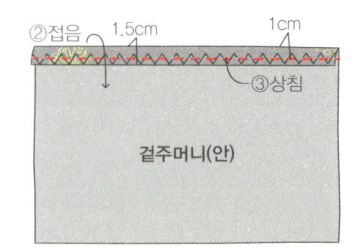
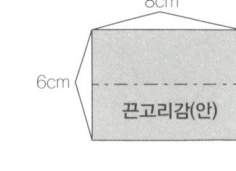
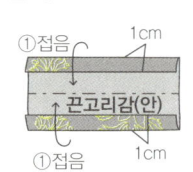

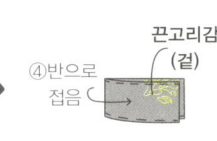

※ 끈고리를 2개 만든다

## 4. 몸판을 만든다

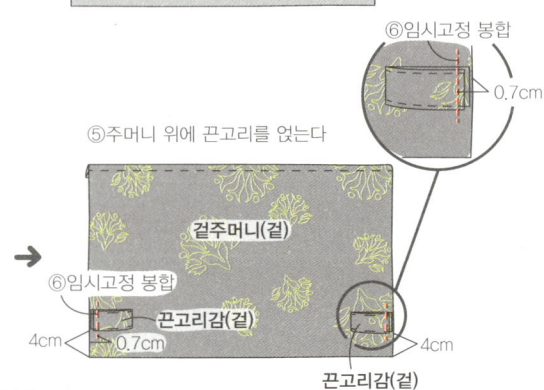
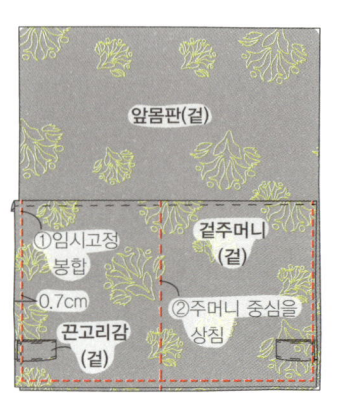

※ 뒷몸판도 ③과정과 같은 방법으로 만든다

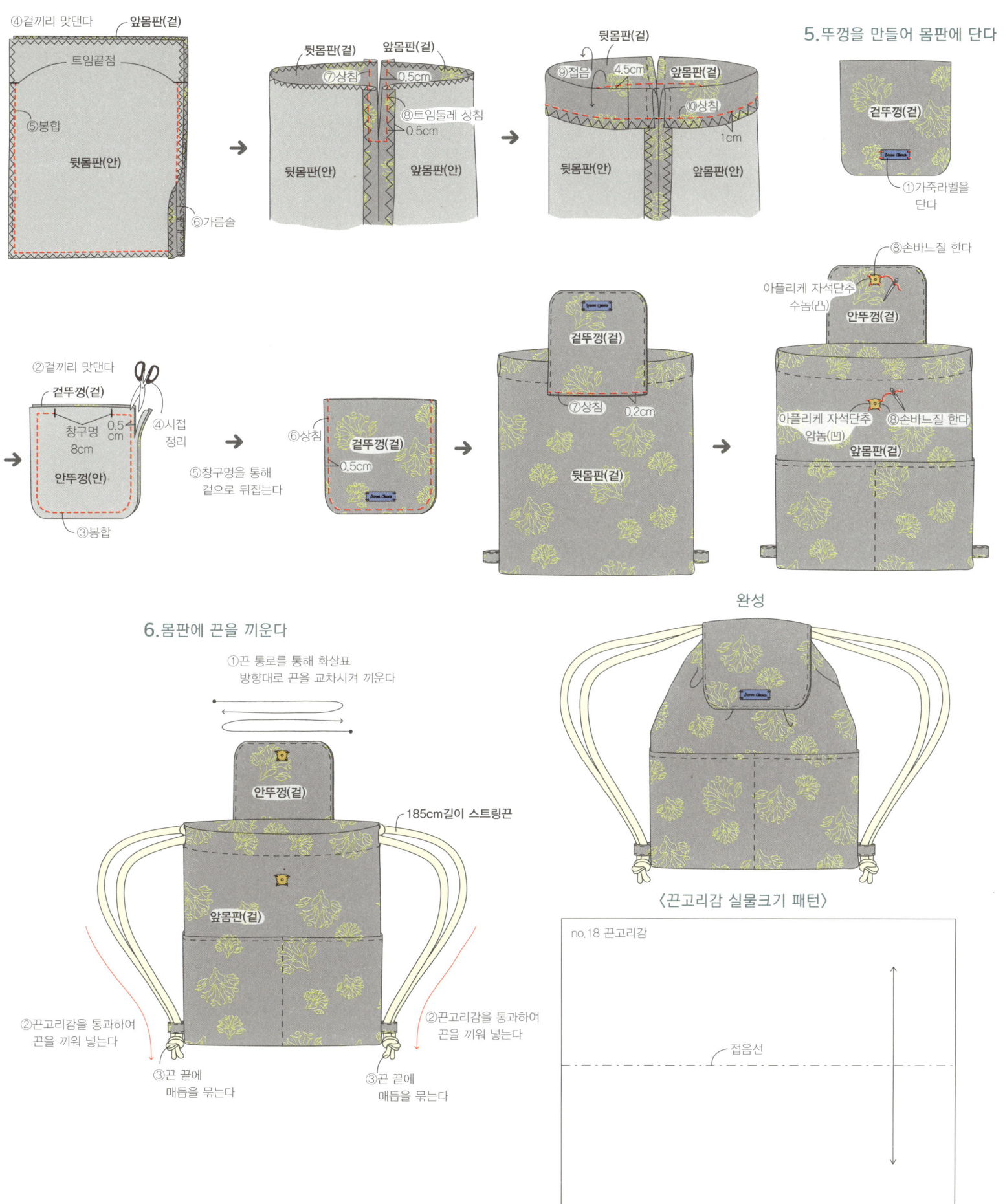

## no.19
# 버킷백

화보 P.050 / 패턴 C면

**완성사이즈**
25cm×28cm×12cm (끈 제외)

**재료**
겉몸판감 110cm×65cm
안몸판감 90cm×50cm
소잉심지1 110cm×65cm
소잉심지2 90cm×50cm
9호 아일렛 12쌍
0.8cm폭 스트링끈 1개
2cm폭 웨이빙끈 1개

**만드는 방법**
1 심지를 붙인다
2 스트랩 홀더를 만든다
3 몸판을 만든다
4 겉몸판과 안몸판을 연결한다
5 몸판에 아일렛을 단다

### 재단배치도
※ 원단은 안쪽면을 기준으로 재단합니다
※ ○안의 숫자는 시접양입니다.
  숫자가 없는 곳은 1cm의 시접으로 재단합니다

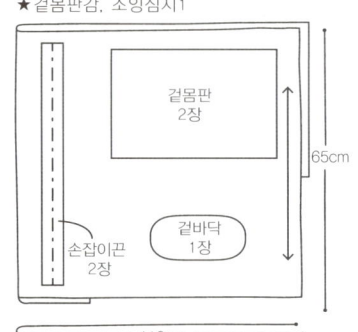
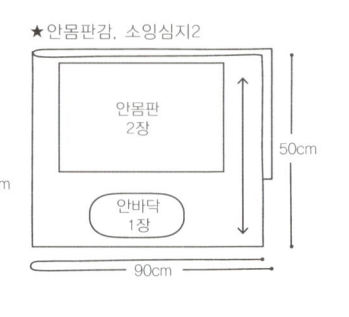

### 1. 심지를 붙인다
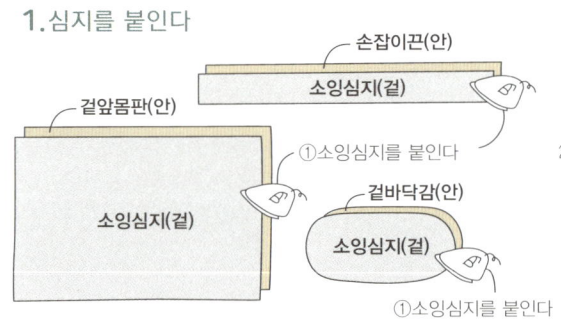

※ 겉뒷몸판, 안앞·뒤몸판, 안바닥감, 반대쪽 손잡이끈에도 소잉심지를 붙입니다
※ 소잉심지가 붙은 쪽을 겉앞·뒤몸판, 안앞·뒤몸판, 손잡이끈, 겉·안바닥감의 안쪽으로 설명합니다

### 2. 스트랩 홀더를 만든다
※ 레자 테이프가 들어간 완제품 웨이빙끈을 사용했습니다
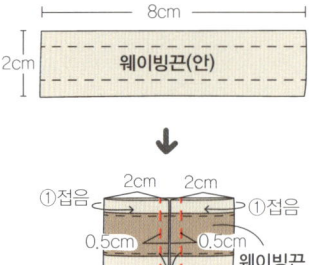

### 3. 몸판을 만든다
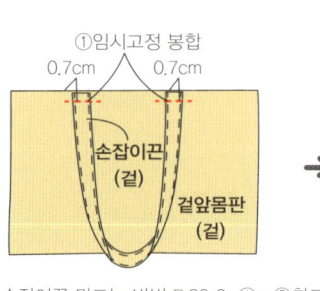
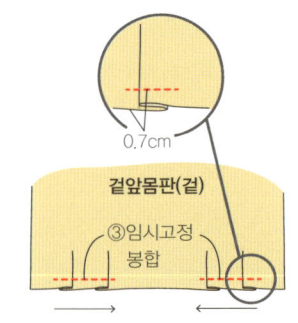

※ 손잡이끈 만드는 방법 P.83 2-①~③참고
※ 겉뒷몸판도 ①과정과 같은 방법으로 만든다
※ 겉뒷몸판, 안앞·뒤몸판도 ②~③ 과정과 같은 방법으로 만든다

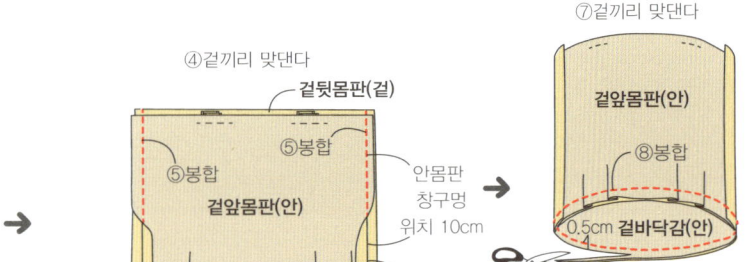

※ 안몸판은 창구멍을 10cm 남겨두고 ④~⑥과정과 같은 방법으로 만든다

※ 안몸판도 ⑦~⑨과정과 같은 방법으로 만든다

### 4. 겉몸판과 안몸판을 연결한다
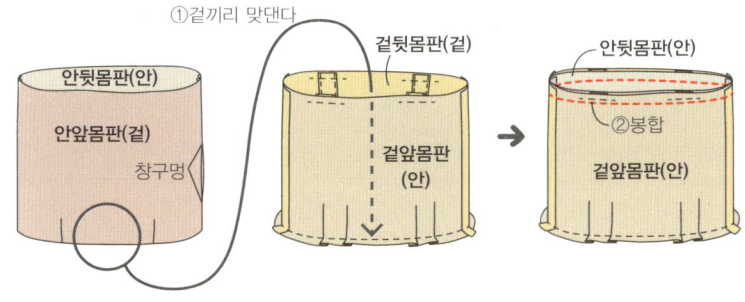

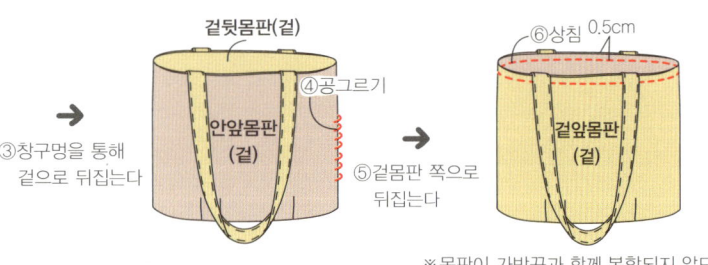

※ 몸판이 가방끈과 함께 봉합되지 않도록 가방끈을 몸판 위로 젖히고 상침한다

### 5. 몸판에 아일렛을 단다

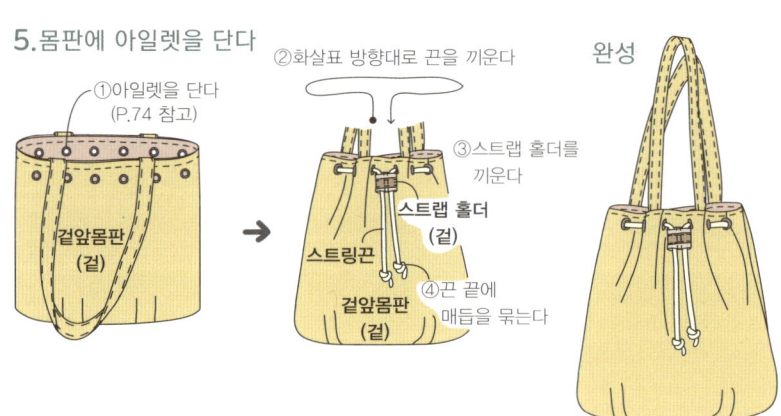

완성

112

## no.20
# 리본 파우치

화보 P.052 / 패턴 D면

**완성사이즈**
22cm×13cm

**재료**
겉몸판감 70cm×40cm
안몸판감 60cm×20cm
지퍼 마감천 20cm×10cm
가방심지 70cm×40cm
소잉심지 60cm×20cm
지름1.4cm 자석단추 1쌍
30cm길이 지퍼 1개
0.5cm폭 워셔블 매직테이프 1개

**만드는 방법**
1 심지를 붙인다
2 여밈끈을 만든다
3 지퍼 마감천을 만들어 지퍼에 단다
4 몸판을 만든다
5 겉몸판과 안몸판을 연결한다

**재단배치도**
※ 원단은 안쪽면을 기준으로 재단합니다
※ ○안의 숫자는 시접양입니다.
  숫자가 없는 곳은 1cm의 시접으로 재단합니다

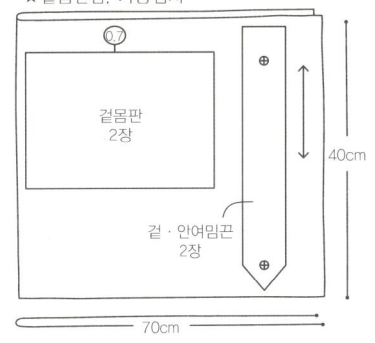

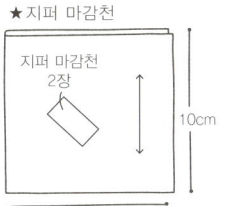

※ 지퍼 마감천은 바이어스 방향으로 시접 없이 재단합니다
※ 지퍼 마감천 실물크기 패턴 P.114 참고

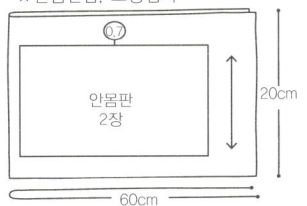

## 1. 심지를 붙인다

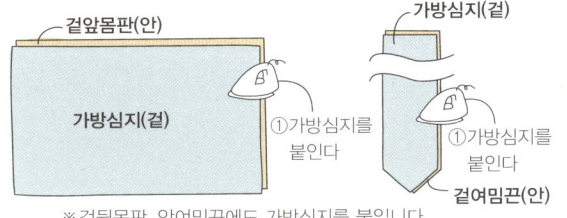

## 2. 여밈끈을 만든다

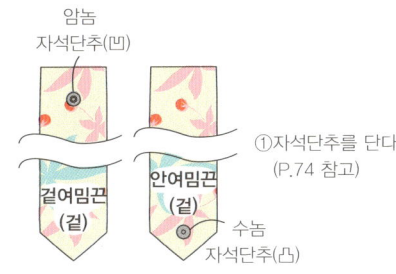

## 3. 지퍼 마감천을 만들어 지퍼에 단다

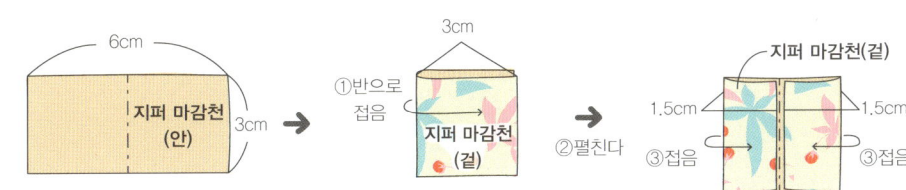

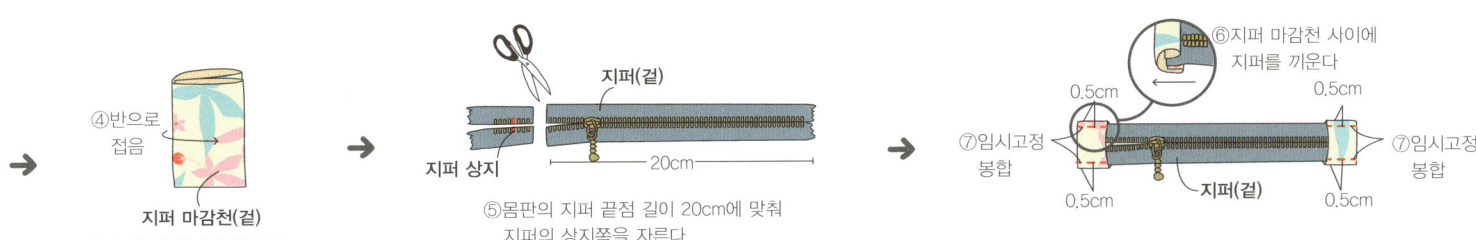

## no.20 리본 파우치

### 4. 몸판을 만든다

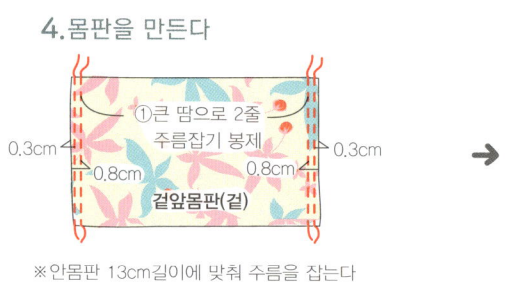

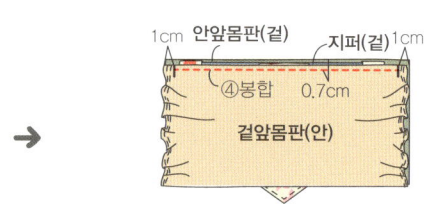

※ 겉·안뒷몸판도 ③과정을 제외하고
①~⑥과정과 같은 방법으로 만든다

### 5. 겉몸판과 안몸판을 연결한다

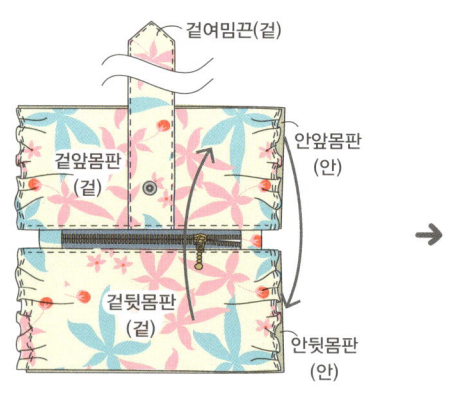

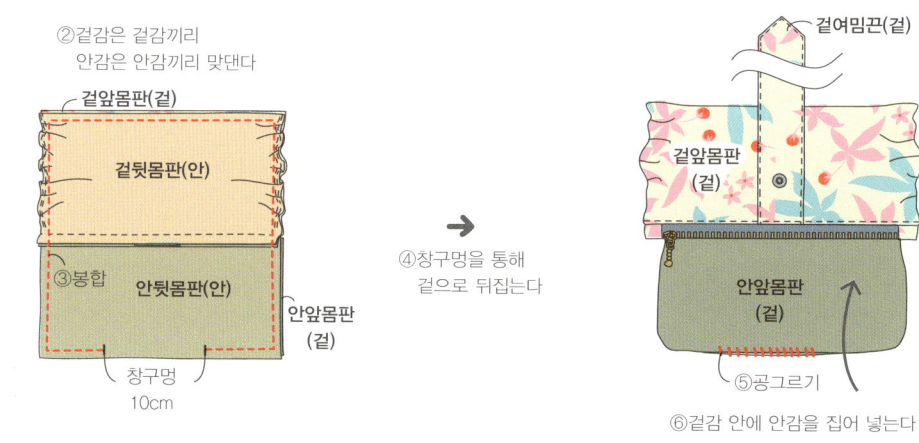

완성

〈지퍼 마감천 실물크기 패턴〉

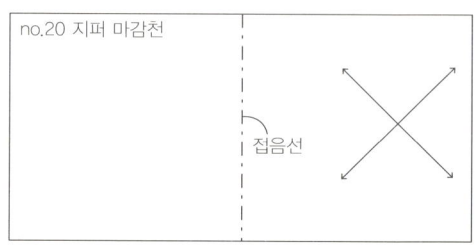

## no.21
# 3way백

화보 P.054 / 패턴 A면

### 완성사이즈
35cm×38cm (끈 제외)

### 재료
겉몸판감 80cm×30cm
배색감 100cm×35cm
안몸판감 110cm×45cm
커버링심지 80cm×45cm
보강심지 80cm×45cm
양면 멜트심지 80cm×45cm
소잉심지 20cm×35cm
2.5cm폭 솜고정용 접착테이프 심지 1팩
지름1.8cm 자석단추 1쌍
1.5cm폭 D링 2개
100cm길이 크로스 핸들 1개
3cm폭 가죽라벨 1개

### 만드는 방법
1. 심지를 붙인다
2. 손잡이끈을 만들어 겉몸판에 단다
3. D링 고리감을 만들어 겉몸판에 단다
4. 주머니를 만들어 안몸판에 단다
5. 안몸판에 자석단추를 단다
6. 몸판을 만든다
7. 겉몸판과 안몸판을 연결한다
8. D링에 크로스 핸들을 연결한다

### 재단배치도
※ 원단은 안쪽면을 기준으로 재단합니다
※ ○안의 숫자는 시접양입니다.
　숫자가 없는 곳은 1cm의 시접으로 재단합니다

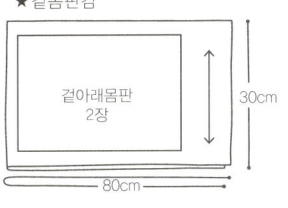
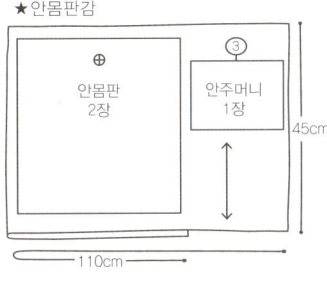
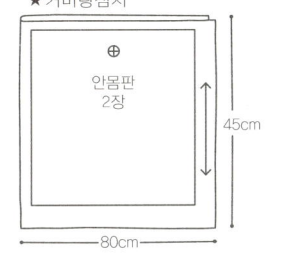

※ D링 고리감은 시접 없이 재단합니다
※ D링 고리감 실물크기 패턴 P.116 참고

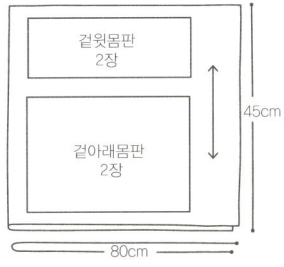
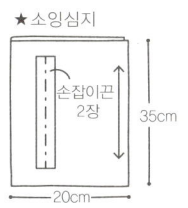

## 1. 심지를 붙인다

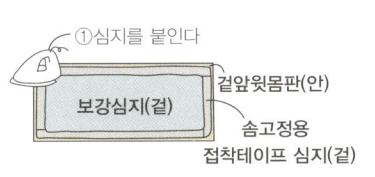

※ 심지 붙이는 방법 P.77 참고
※ 겉뒤위·아래몸판도 같은 방법으로 심지를 붙입니다
※ 심지가 붙은 쪽을 겉앞·뒤윗몸판,
　겉앞·뒤아래몸판의 안쪽으로 설명합니다.

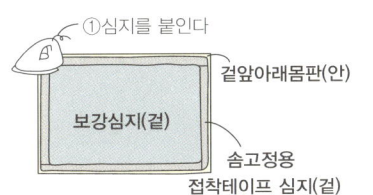

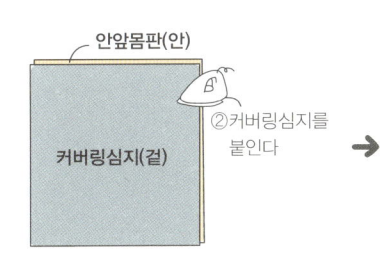

※ 안뒷몸판에도 커버링심지를 붙입니다
※ 커버링심지가 붙은 쪽을 안앞·뒤몸판의
　안쪽으로 설명합니다

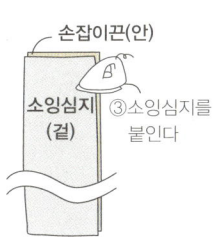

※ 반대쪽 손잡이끈에도
　소잉심지를 붙입니다
※ 소잉심지가 붙은 쪽을
　손잡이끈의 안쪽으로 설명합니다

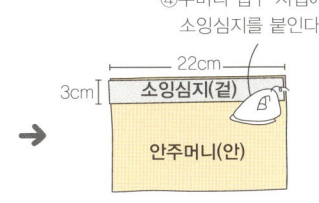

※ 소잉심지가 붙은 쪽을
　안주머니의 안쪽으로 설명합니다

## 2. 손잡이끈을 만들어 겉몸판에 단다

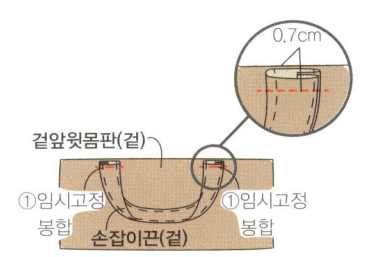

※ 손잡이끈 만드는 방법 P.83 2-①~③ 참고
※ 겉뒤윗몸판도 손잡이끈을 고정시킨다

## 3. D링 고리감을 만들어 겉몸판에 단다

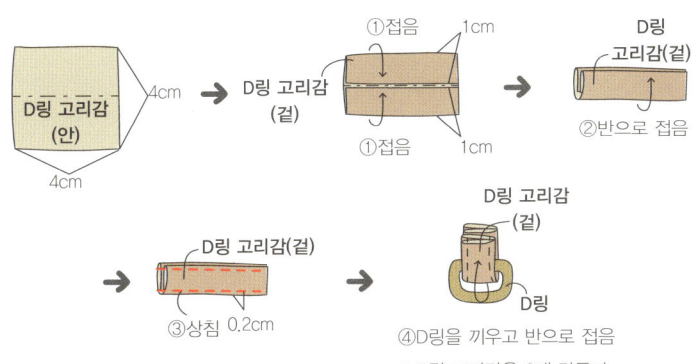

※ D링 고리감을 2개 만든다

115

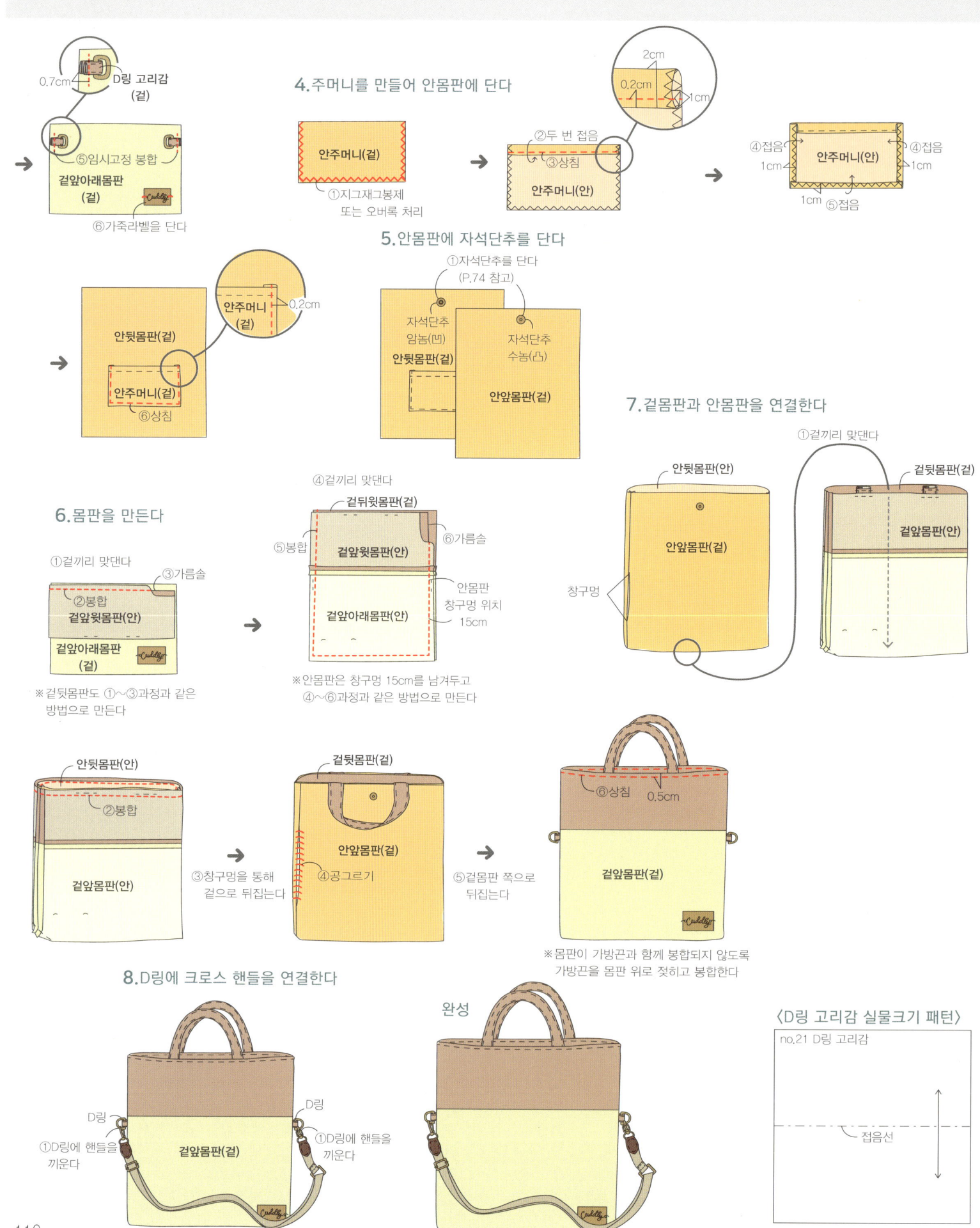

no.22

# 2way백

화보 P.056 / 패턴 B면

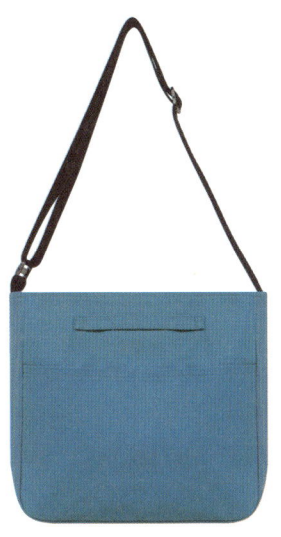

## 완성사이즈

32cm×32cm×13cm (끈 제외)

## 재료

겉몸판감 110cm×110cm
안몸판감 110cm×110cm
가방심지 60cm×110cm
소잉심지 60cm×110cm
3.8cm폭 웨이빙끈 1팩
3.8cm폭 왈자고리 2개
지름1.8cm 자석단추 1쌍

## 만드는 방법

1 심지를 붙인다
2 손잡이끈과 겉주머니를 만들어 겉몸판에 단다
3 안주머니를 만들어 안몸판에 단다
4 안몸판에 자석단추를 단다
5 겉옆판에 웨이빙끈을 단다
6 몸판을 만든다
7 겉몸판과 안몸판을 연결한다
8 왈자고리에 웨이빙끈을 끼워 넣는다

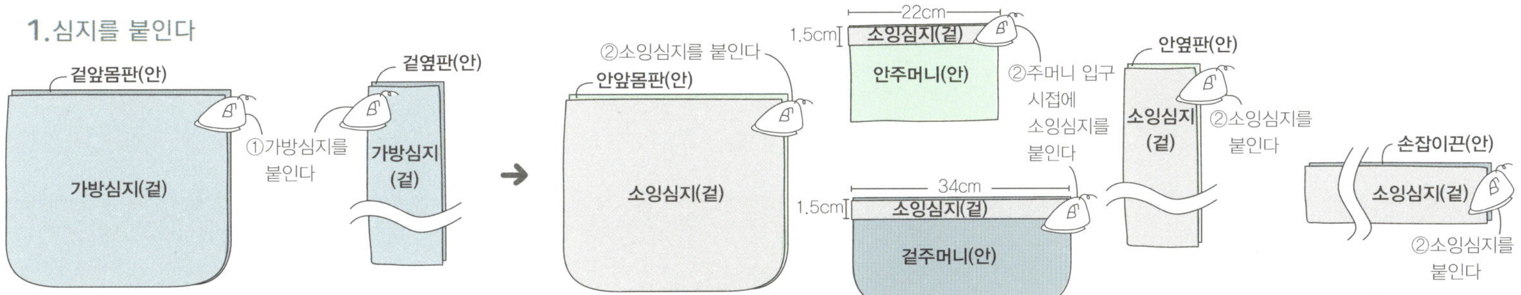

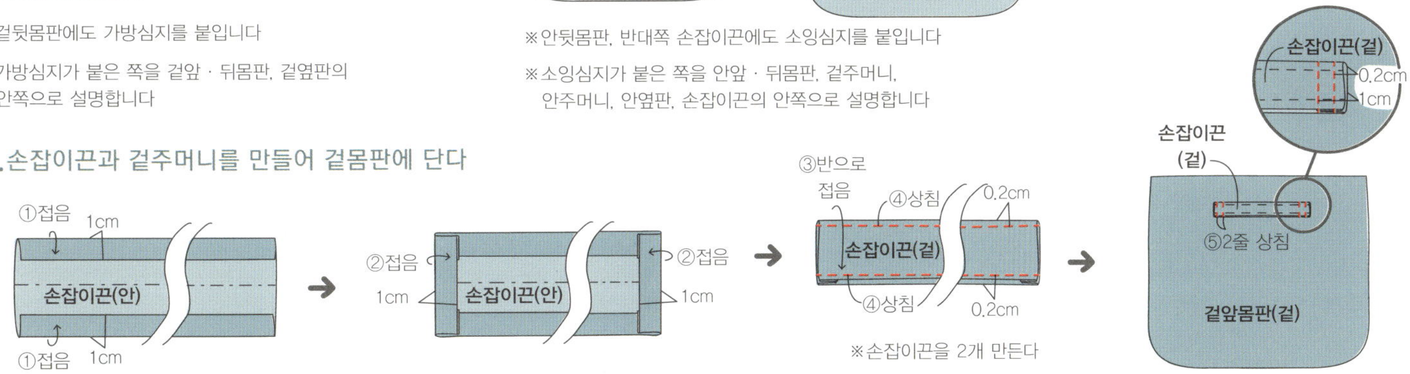

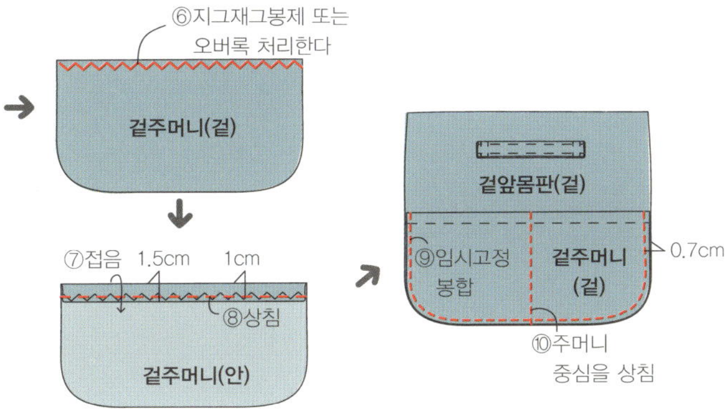

## 재단배치도

※원단은 안쪽면을 기준으로 재단합니다
※○안의 숫자는 시접양입니다.
숫자가 없는 곳은 1cm의 시접으로 재단합니다

## 1.심지를 붙인다

※겉뒷몸판에도 가방심지를 붙입니다

※가방심지가 붙은 쪽을 겉앞 · 뒤몸판, 겉옆판의 안쪽으로 설명합니다

※안뒷몸판, 반대쪽 손잡이끈에도 소잉심지를 붙입니다

※소잉심지가 붙은 쪽을 안앞 · 뒤몸판, 겉주머니, 안주머니, 안옆판, 손잡이끈의 안쪽으로 설명합니다

## 2.손잡이끈과 겉주머니를 만들어 겉몸판에 단다

※손잡이끈을 2개 만든다

※겉뒷몸판도 ⑤과정과 같은 방법으로 만든다

## 3.안주머니를 만들어 안몸판에 단다

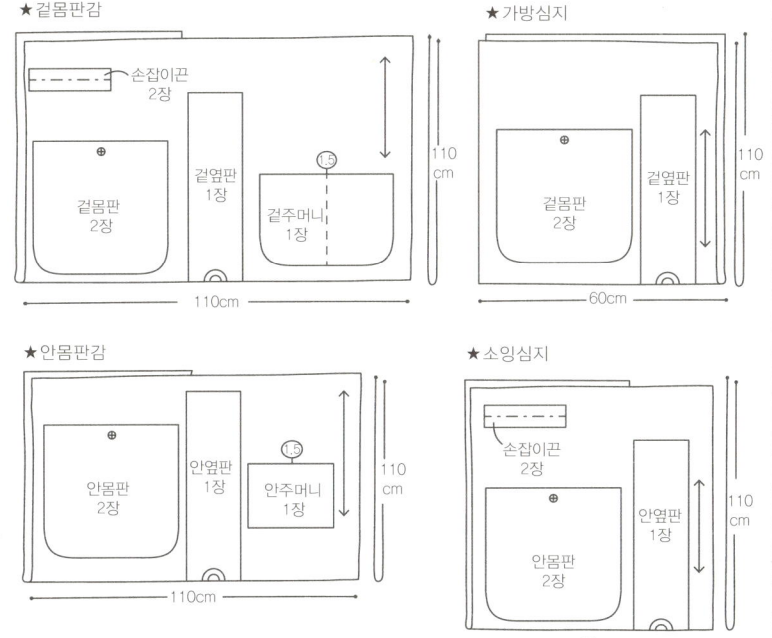

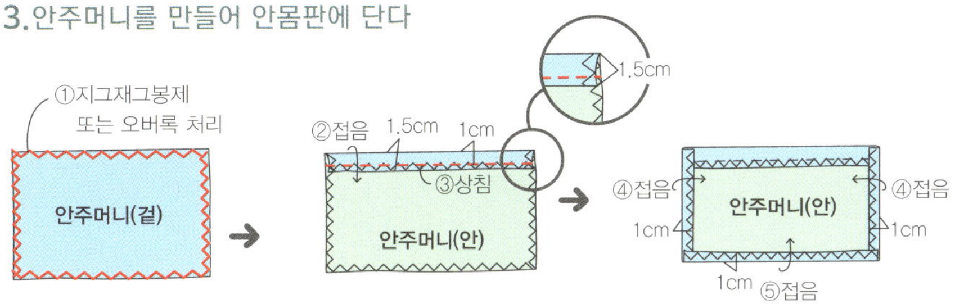

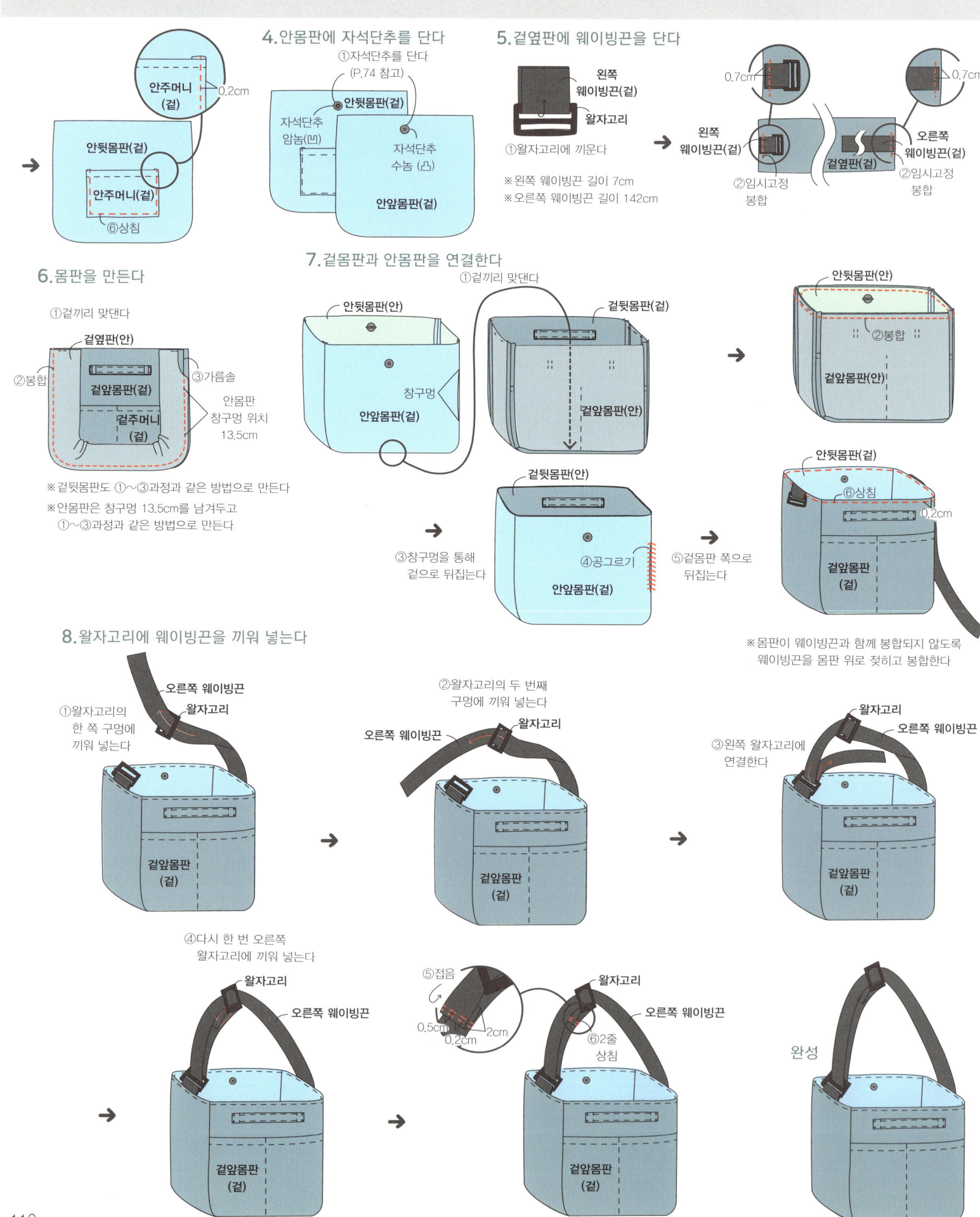

## no.23 프레임 클러치백

화보 P.058 / 패턴 D면

**완성사이즈**
19cm×14.5cm (끈 제외)

**재료**
겉몸판감 80cm×25cm
안몸판감 80cm×25cm
소잉심지1 80cm×25cm
소잉심지2 80cm×25cm
2온스 접착 퀼팅솜 80cm×25cm
2.5cm폭 솜고정용 접착테이프 심지 1팩
지름20cm 사각 프레임 1개
길이110cm 체인 스트랩 1개

**만드는 방법**
1. 심지를 붙인다
2. 몸판을 만든다
3. 겉몸판과 안몸판을 연결한다
4. 몸판에 프레임을 단다

**재단배치도**
※ 원단은 안쪽면을 기준으로 재단합니다
※ ○안의 숫자는 시접양입니다.
  숫자가 없는 곳은 1cm의 시접으로 재단합니다

★ 겉몸판감, 소잉심지1, 퀼팅솜
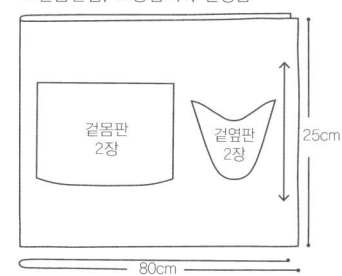

★ 안몸판감, 소잉심지2
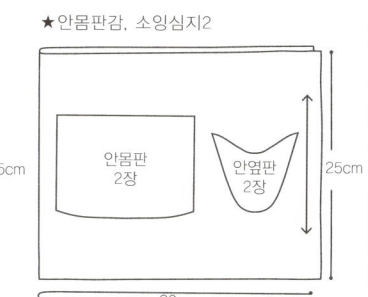

### 1. 심지를 붙인다

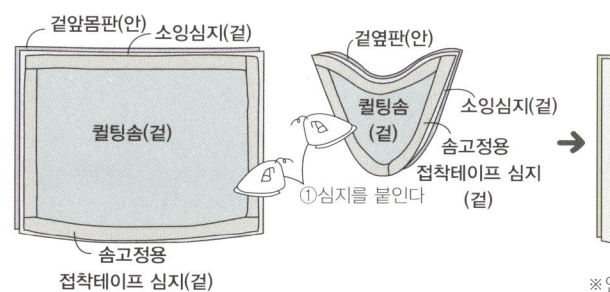

※ 심지 붙이는 방법 P.77 참고
※ 겉뒷몸판, 반대쪽 겉옆판도 같은 방법으로 만듭니다
※ 심지가 붙은 쪽을 겉앞·뒤몸판, 겉옆판의 안쪽으로 설명합니다

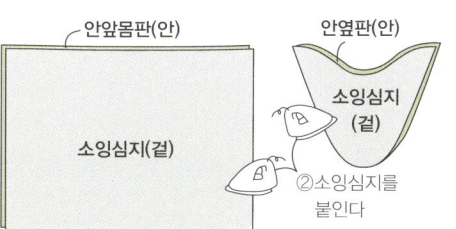

※ 안뒷몸판, 반대쪽 안옆판도 같은 방법으로 만듭니다
※ 소잉심지가 붙은 쪽을 안앞·뒤몸판, 안옆판의 안쪽으로 설명합니다

### 2. 몸판을 만든다

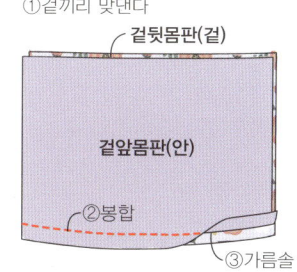

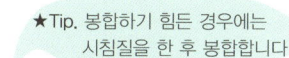

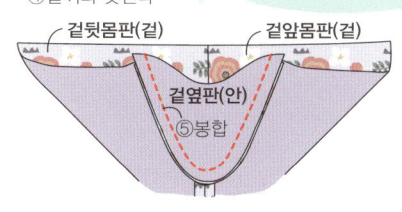

※ 반대쪽 옆판도 ④~⑤과정과 같은 방법으로 만든다

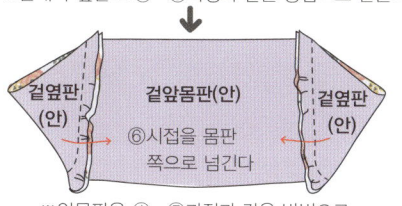

※ 안몸판은 ①~⑤과정과 같은 방법으로 만든 다음, 시접을 옆판 쪽으로 넘긴다

### 3. 겉몸판과 안몸판을 연결한다

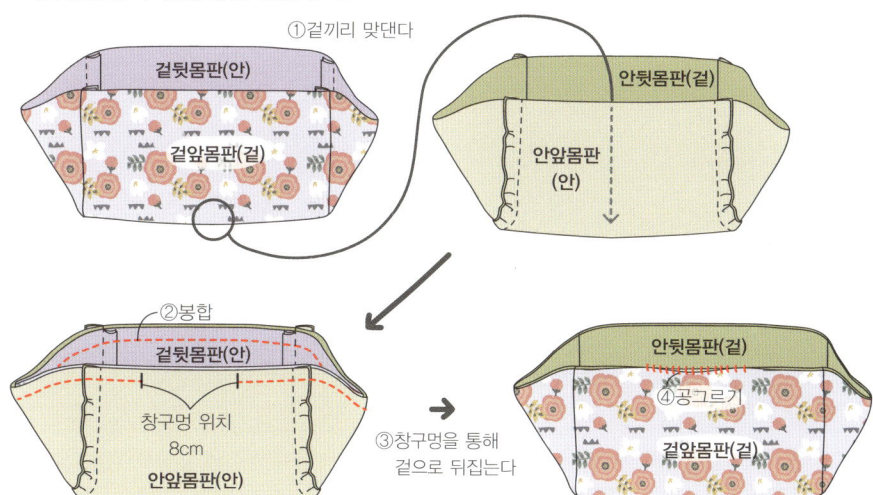

### 4. 몸판에 프레임을 단다

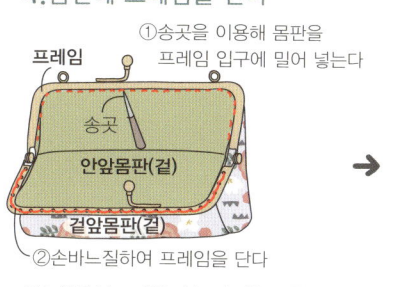

② 손바느질하여 프레임을 단다
※ 바느질하여 프레임 다는 방법은 tip참고

**tip. 바느질하여 프레임 다는 방법**
※ 원단의 실을 1~2줄만 떠서 같은 구멍으로 바늘을 꺼내 숨은 상침처럼 봉합한다.

**완성**

## no.24
# 여행용 보스턴백

화보 P.060 / 패턴 B면

**완성사이즈**
41cm×40cm×20cm (끈 제외)

**재료**
겉몸판감 130cm×110cm
배색감 150cm×30cm
안몸판감 150cm×55cm
가방심지1 150cm×30cm
가방심지2 150cm×60cm
소잉심지 150cm×55cm
0.5cm폭 워셔블 매직테이프 1팩
3.8cm폭 웨이빙끈 2팩
100cm길이 지퍼 1개
지름1.3cm 스프링 도트단추 2쌍
2cm폭 가죽라벨 1개

**만드는 방법**
1 심지를 붙인다
2 주머니를 만들어 겉몸판에 단다
3 몸판을 만든다
4 몸판에 지퍼를 단다
5 겉몸판과 안몸판을 연결한다
6 단추감1을 만들어 몸판에 단다
7 단추감2를 만들어 몸판에 단다

### 재단배치도
※원단은 안쪽면을 기준으로 재단합니다
※○안의 숫자는 시접양입니다.
　숫자가 없는 곳은 1cm의 시접으로 재단합니다

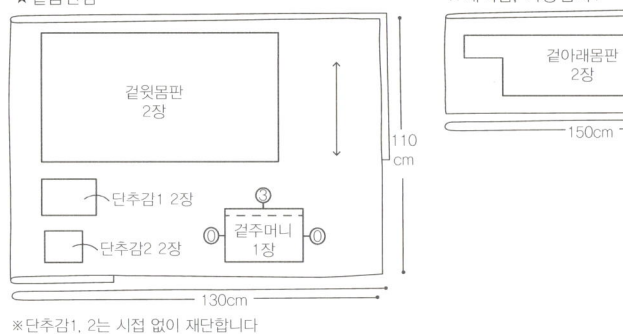

※단추감1, 2는 시접 없이 재단합니다
※단추감1, 2 실물크기 패턴 P.121 참고

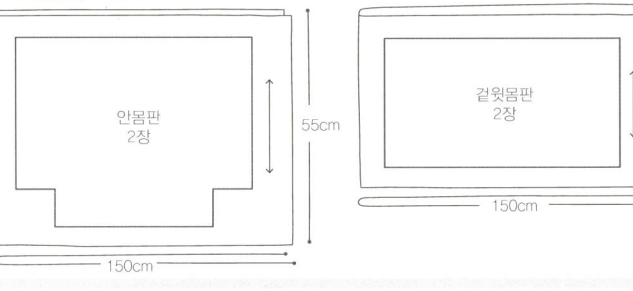

### 1. 심지를 붙인다

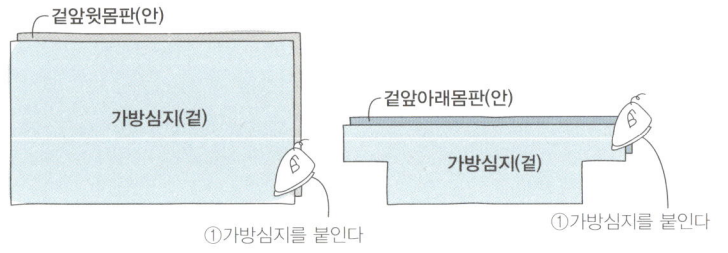

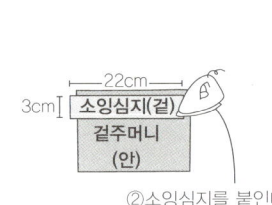

※겉뒤윗몸판, 겉뒤아래몸판에도 가방심지를 붙입니다
※가방심지가 붙은 쪽을 겉앞·뒤윗몸판, 겉앞·뒤아래몸판의 안쪽으로 설명합니다

※안뒷몸판에도 소잉심지를 붙입니다
※소잉심지가 붙은 쪽을 안앞·뒤몸판, 겉주머니의 안쪽으로 설명합니다

### 2. 주머니를 만들어 겉몸판에 단다

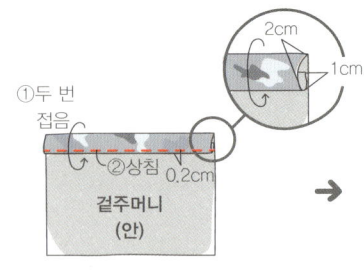

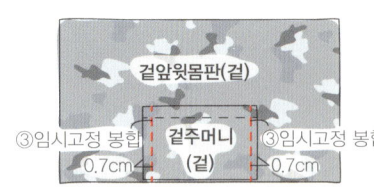

### 3. 몸판을 만든다

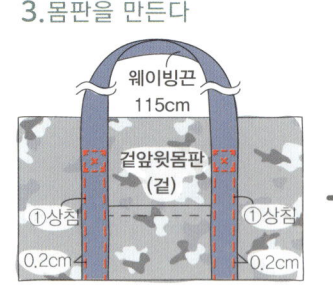

### 4. 몸판에 지퍼를 단다

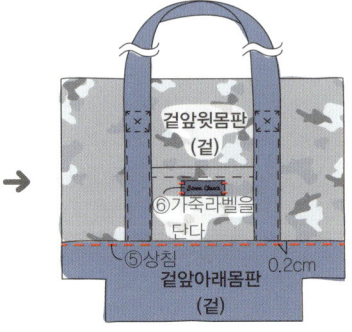

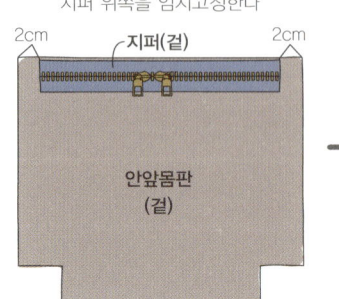

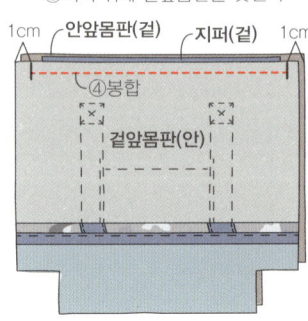

※겉뒷몸판도 ①~⑤과정과 같은 방법으로 만든다

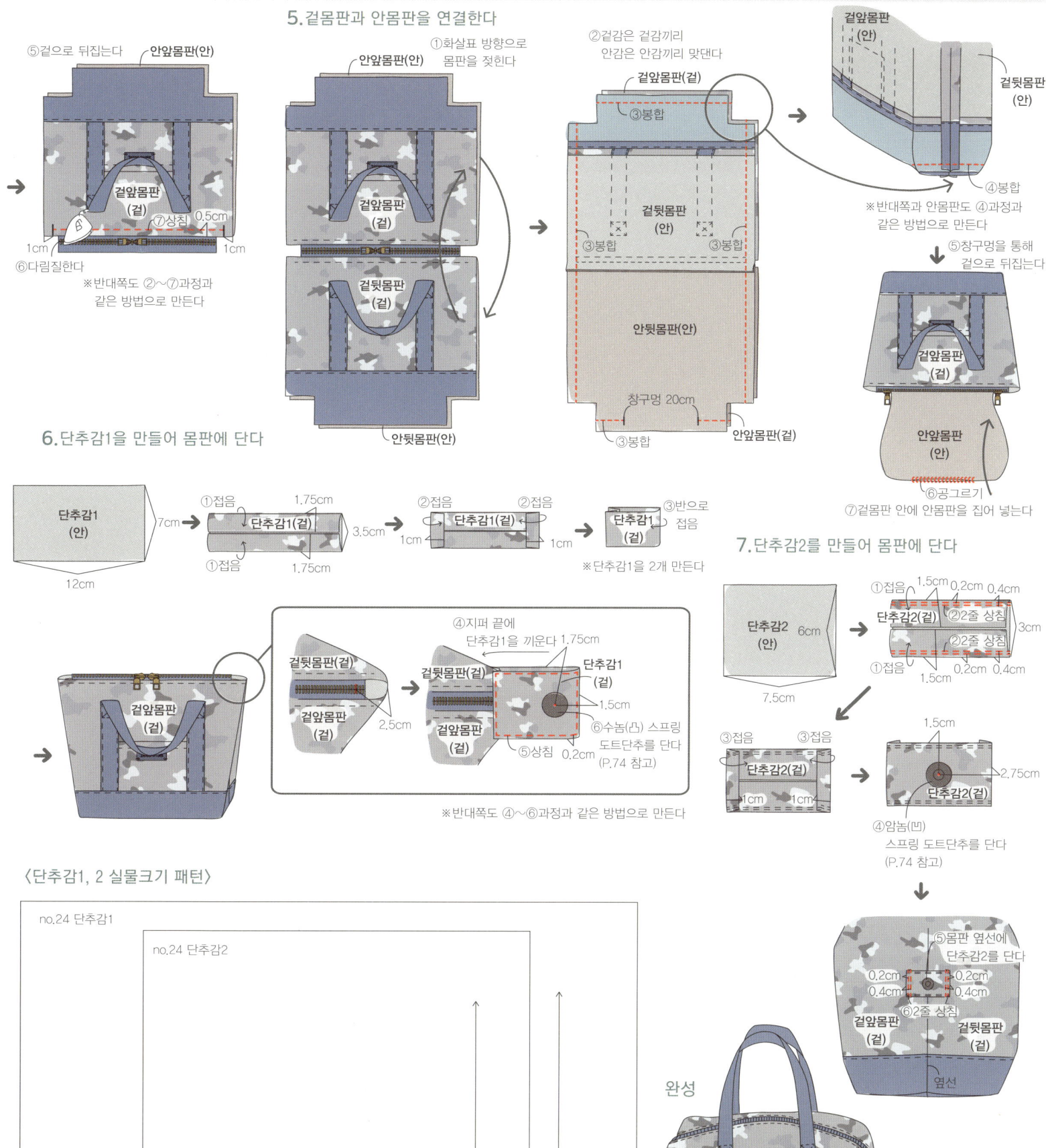

## no.25
## 탬버린백

화보 P.062 / 패턴 D면

**완성사이즈**
22cm×22cm×8cm (끈 제외)

**재료**
겉몸판감 110cm×50cm
안몸판감 110cm×30cm
가방심지 110cm×30cm
소잉심지 110cm×30cm
2.5cm폭 웨이빙끈 1팩
50cm길이 지퍼 1개
1.3cm폭 파이핑테이프 1팩
2cm폭 면테이프 1팩
웨이빙 크로스 핸들 1개
1.5cm폭 D링 2개
2cm폭 가죽라벨 1개

**만드는 방법**
1 심지를 붙인다
2 D링 고리감을 만든다
3 지퍼날개를 만든다
4 지퍼날개와 바닥을 연결한다
5 지퍼날개와 바닥 둘레를 파이핑 처리한다
6 몸판에 주머니와 손잡이끈을 단다
7 몸판과 바닥을 연결한다

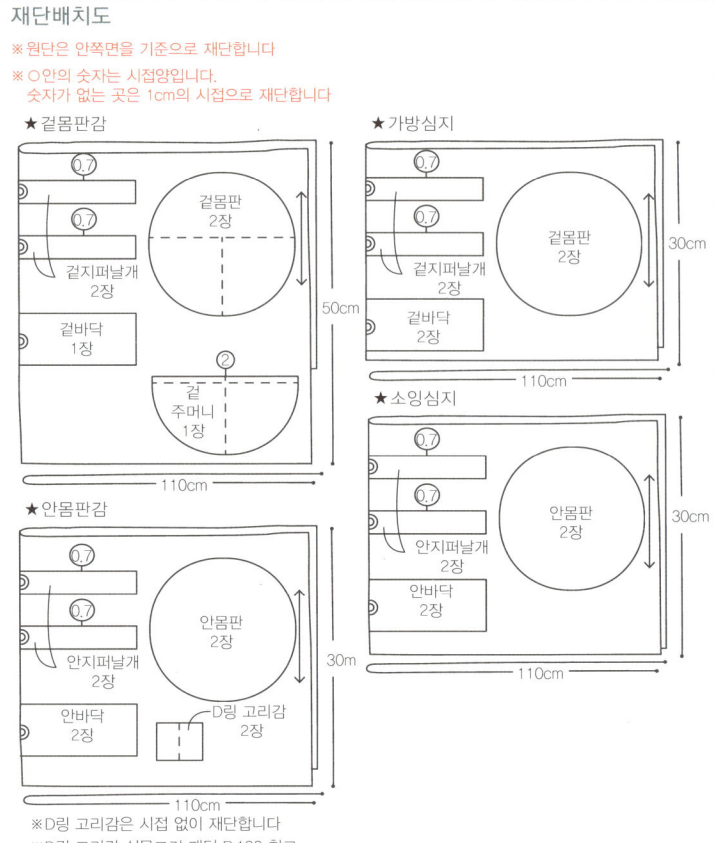

※D링 고리감은 시접 없이 재단합니다
※D링 고리감 실물크기 패턴 P.123 참고

### 1. 심지를 붙인다

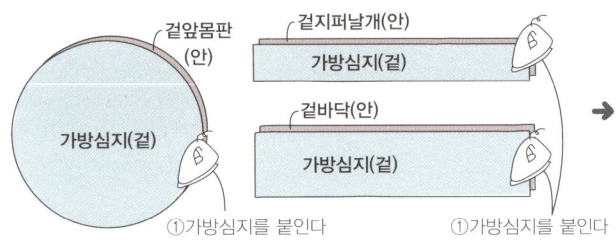
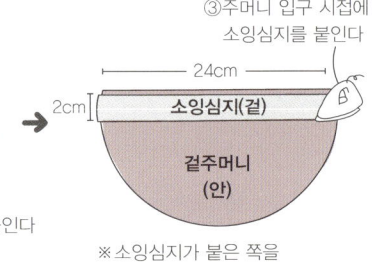

### 2. D링 고리감을 만든다

### 3. 지퍼날개를 만든다

### 4. 지퍼날개와 바닥을 연결한다

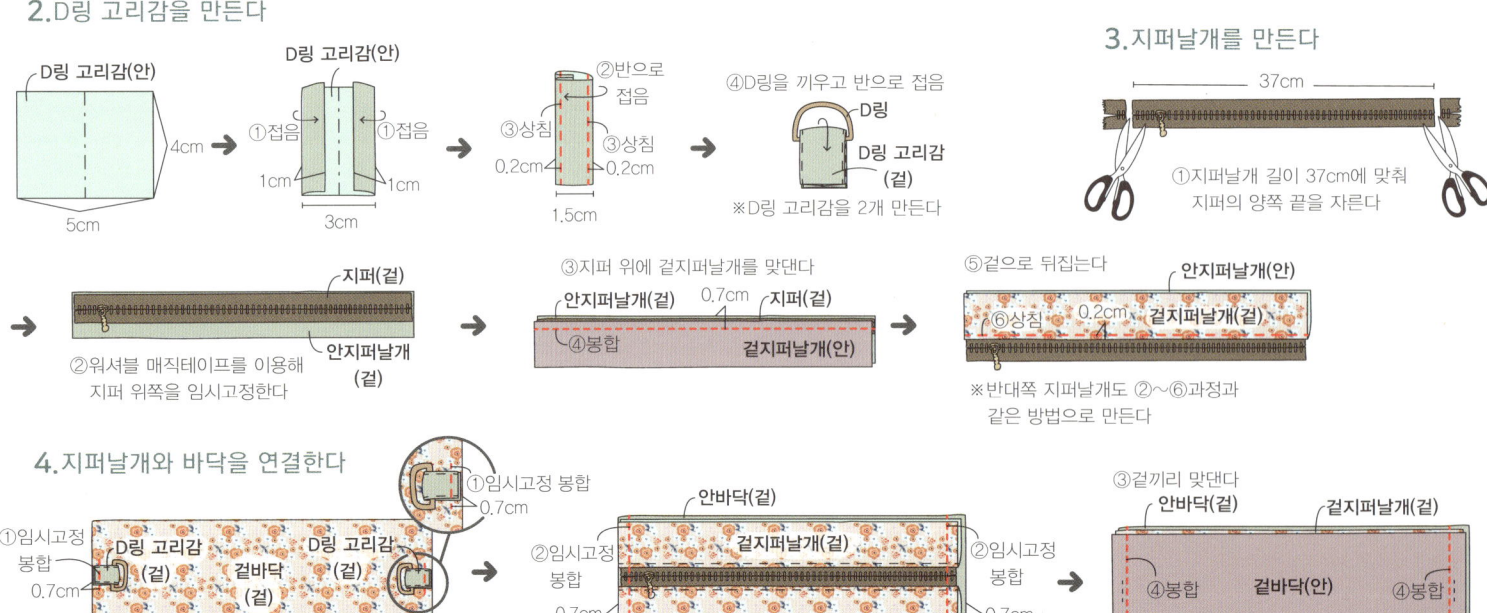

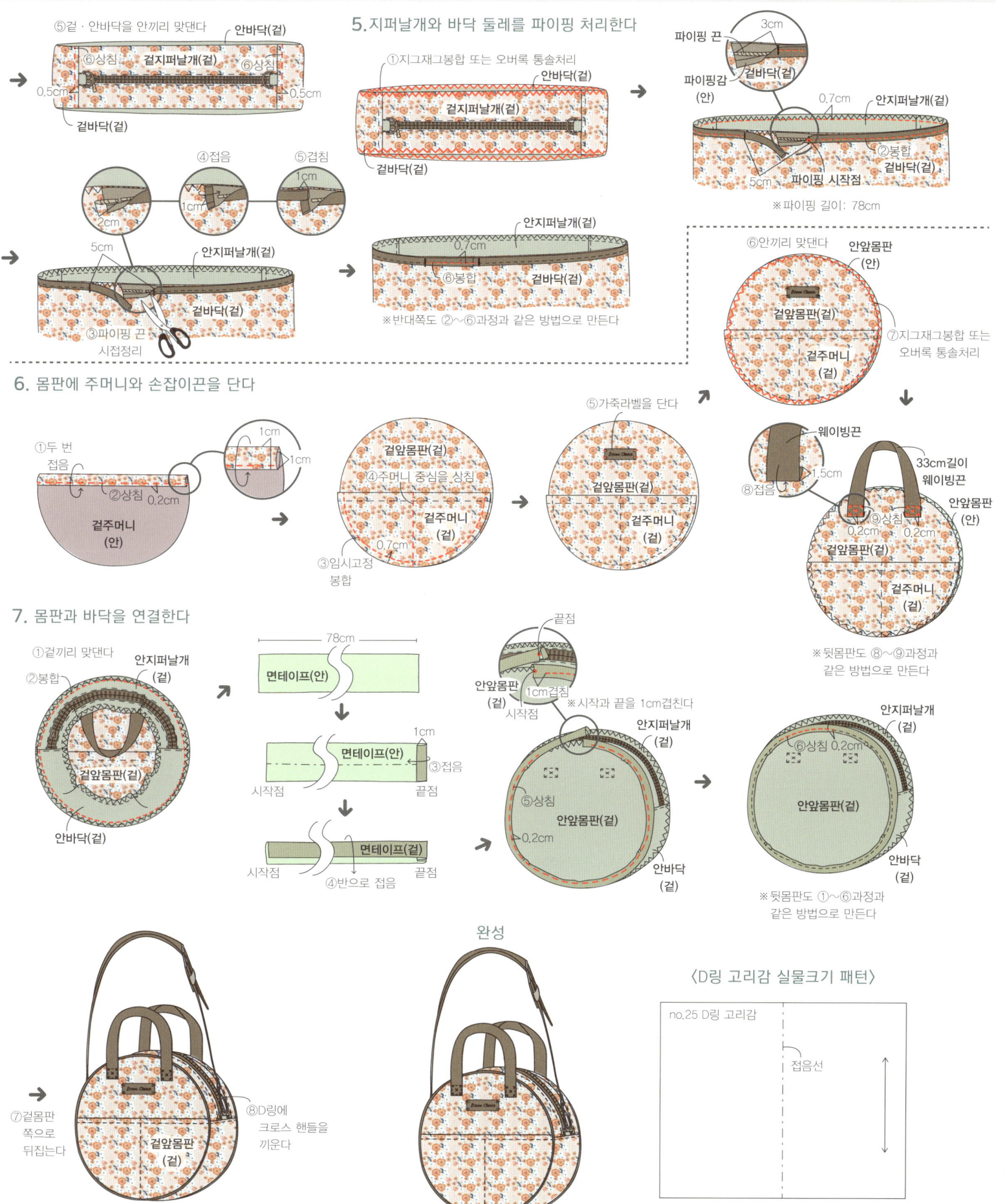

## no.26
# 프레임 백팩

화보 P.064 / 패턴 A면

**완성사이즈**
30cm×32cm×14cm (끈 제외)

**재료**
겉몸판감 70cm×110cm
배색감 90cm×30cm
안몸판감 60cm×110cm
지퍼 마감천 20cm×10cm
가방심지1 70cm×110cm
가방심지2 90cm×30cm
소잉심지 60cm×110cm
0.5cm폭 워셔블 매직테이프 1개
3.2cm폭 웨이빙끈 2팩
100cm길이 지퍼 1개
1.8cm폭 자석단추 1쌍
42.5cm길이 휠 프레임 1쌍
3.2cm폭 왈자고리 2개
3cm폭 가죽라벨 1개

**만드는 방법**
1. 심지를 붙인다
2. 가방끈 고정감을 만들어 겉몸판에 단다
3. 손잡이끈을 만든다
4. 뚜껑을 만들고 끈을 단다
5. 몸판을 만든다
6. 지퍼날개를 만든다
7. 몸판에 지퍼날개를 연결한다
8. 겉몸판과 안몸판을 연결한다

**재단배치도**
※ 원단은 안쪽면을 기준으로 재단합니다
※ ○안의 숫자는 시접양입니다.
  숫자가 없는 곳은 1cm의 시접으로 재단합니다

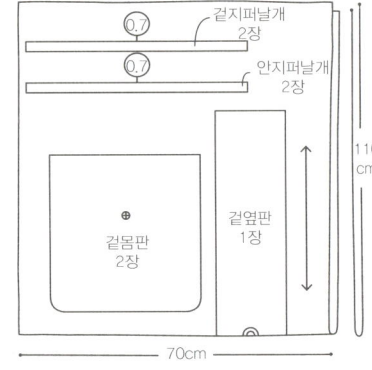

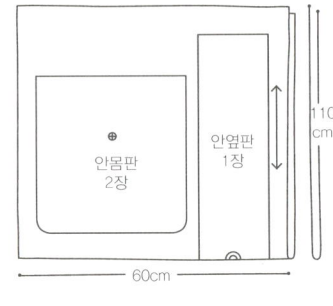

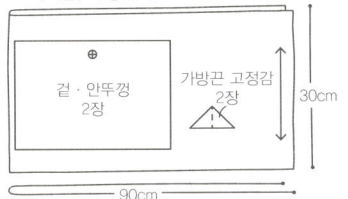

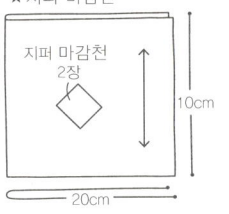

### 1. 심지를 붙인다

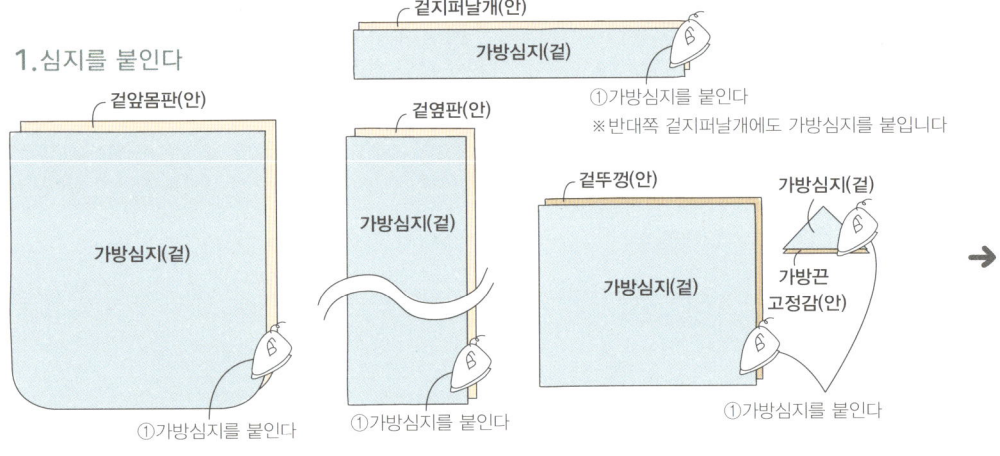

### 2. 가방끈 고정감을 만들어 겉몸판에 단다
### 3. 손잡이끈을 만든다

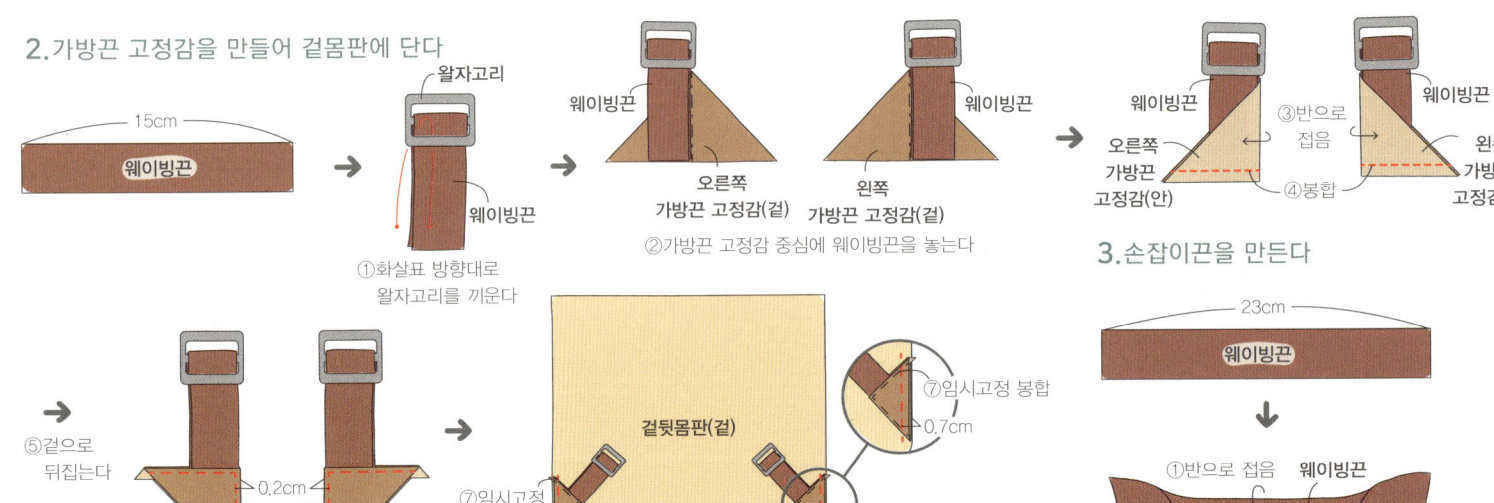

# no.26 프레임 백팩

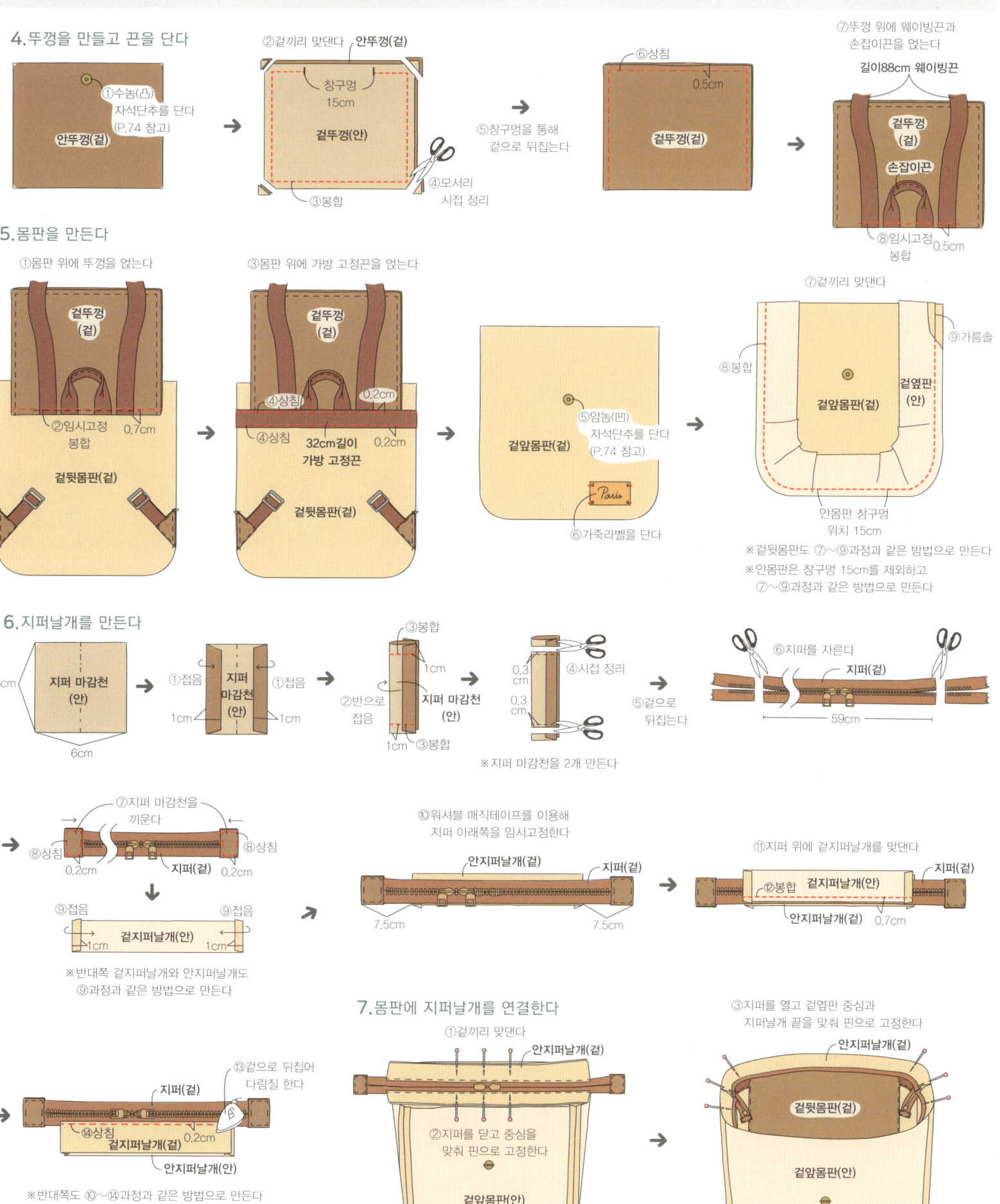

## no.26 프레임 백팩

SEWING HARUE 17

처음 배우는 소잉

# 가방과
# 파우치 26

1판 1쇄 발행  2017년 07월 07일
1판 2쇄 발행  2019년 09월 18일

| | |
|---|---|
| 발행인 | 정용효 |
| 기획/제작 | 이슬희, 현보경, 정다은 |
| 편집디자인 | 최지선 |
| 일러스트 | 이슬희, 현보경, 정다은 |
| 패턴 제작 | 브라이언 |
| 패턴 편집 | 이슬희 |
| 참여작가 | 소잉스토리 |
| | KMSA(한국머신소잉협회) |
| | 권세진 김현주 사공명 신영민 |
| | 윤미희 이지희 임혜성 정연선 |
| | 진미영 최미경 최은숙 황혜정 |
| | 황혜진 (이상 가나다순) |
| 사진 | 이상엽, 양혜진(kontiki studio) |
| 촬영장소 | 오스튜디오 |
| 인쇄 | 웰컴P&P |
| 등록번호 | 제 2016-000002호 |
| 등록일자 | 2016년 01월 26일 |
| 발행처 | 주)핸디스 소잉스토리 |
| | 광주광역시 북구 서암대로 133 (신안동), 3층 |
| 대표전화 | 062_513_8957 |
| 팩스 | 062_515_8827 |
| 문의전화 | 070_8893_9218 |
| 홈페이지 | www.sewingstory.com |

Printed in Korea
ISBN  979-11-88062-05-8 13590
판매가 15,000원

※ 본 책은 저작권법에 따라 보호받는 저작물이므로 무단전재와 무단복제를
금지하며, 이 책 내용의 전부 또는 일부를 이용하려면 반드시 저작권자
주)핸디스의 서면 동의를 받아야 합니다.

※ 본 책에 사용된 인쇄 용지는 표지-미스틱(208g), 내지-미스틱(105g)·모조지(120g)입니다.

※ 잘못 인쇄된 책은 구입처에서 교환해 드립니다.

소잉스토리는
소잉D.I.Y 취미실용서를 출간합니다.

이 도서의 국립중앙도서관 출판예정도서목록(CIP)은 서지정보유통지원시스템 홈페이지
(http://seoji.nl.go.kr)와 국가자료공동목록시스템(http://www.nl.go.kr/kolisnet)에서 이용
하실 수 있습니다. (CIP제어번호:CIP2017015189)

## 초보자의 눈으로 개발하는
# 실물 패턴전문 브랜드 패턴인!

**1000여종의 상품 구성 및 매달 신상품 출시!**

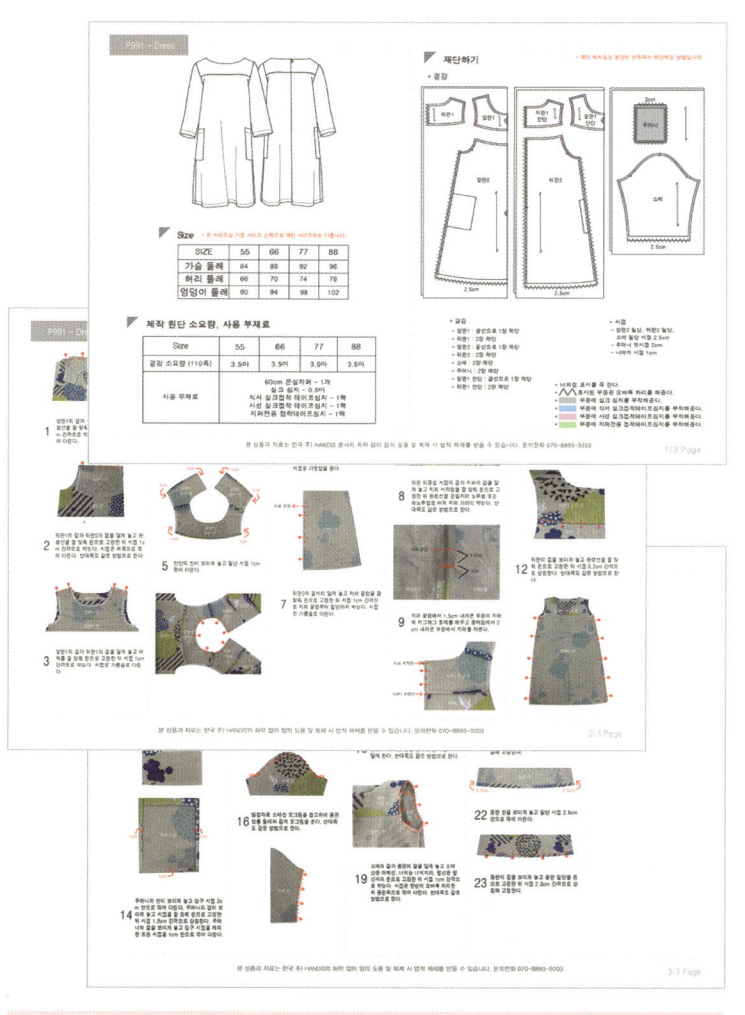

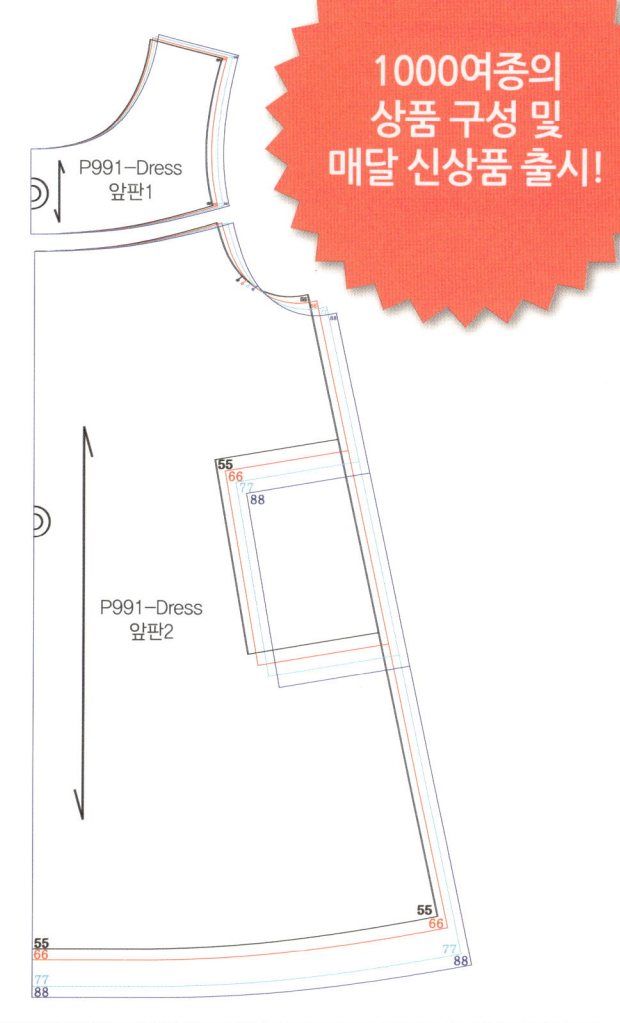

### 재단배치도부터 소잉 팁까지 꼼꼼한 사진 제작 설명서와 웹 제작 설명서로
# 쉽고 재미있게!

### 패턴 전문 캐드를 사용한 전 사이즈 실물 패턴과 사이즈별 컬러선으로
# 깔끔하고 편리하게!

**아래의 구매처에서 패턴인의 모든 상품을 만나 보세요!**

**패션스타트**
패션스타트NCC 대리점

**심플소잉**
심플소잉NCC 대리점

**퀼트스타**

천가게 / 천싸요 / 인패브릭 / 앤쏘라이프 / 선퀼트 / 아이러브아이웃 / 원단천국 / 원단1번지

# 베이직 코튼린넨
## 스테이시 솔리드 무지

작품을 만들기 가장 좋은 두께로 의상이나 소품, 홈패션으로 사용하기 좋은 패브릭을 기획 생산 하였습니다.

내추럴한 텍스처와 고급스러운 컬러감이 완벽하게 조화를 이루어 가방, 파우치와 같은 소품부터 원피스, 치마 등의 의상까지 여러 방면으로 부담없이 사용하기 좋은 스테이시 솔리드 입니다.

### 스테이시 솔리드 무지 15종

### 심플소잉 NCC 오프라인 매장

**경기지역** 화성동탄점. 분당수내점. 수원영통점. 수지신봉점. 경기광주오포. 평택소사벌점. 이천창전점. 안양동편마을. 일산주엽점. 수원광교점. 용인죽전점. 남양주별내점. 인천구월점

**충청지역** 천안백석점. 세종나성점. 청주가경점. 아산배방점. 서산호수공원. 대전노은점. 청주율량점. 천안신방점. 제천중앙점

**경상지역** 창원남양점. 안동북문점. 울산남구점. 대구범어점. 포항대이점. 김해내외점. 동래온천점. 양산물금점. 울산성안점

**전라지역** 광주충장점. 순천동외점. 광주수완점. 목포하당점. 여수엑스포점. 나주빛가람점. 전주송천점. 군산지곡점

**강원, 제주지역** 제주시제주점. 원주중앙점

사이트 바로가기

TALK @심플소잉 친구추가하기

온라인 www.simplesewing.co.kr  고객센터 1644-5744  오프라인 www.simplesewing.co.kr/offline/

심플소잉 동래 온천점 개점을 축하합니다.

Natural Sewing Life
# Simple  Sewing
심플소잉NCC

## 내 삶의 즐거움과 행복을 더해주는 심플소잉NCC 대리점

**경인지역**
화성 동탄점 070-4190-3830, 분당 수내점 031-711-0015, 용인 죽전점 031-265-0301
수지 신봉점 031-264-3769, 수원 영통점 031-273-9411, 평택 소사벌점 031-651-7794
일산 주엽점 031-906-6577, 이천 창전점 031-638-0251, 경기광주 오포점 031-767-6415
수원 광교점 031-211-3885, 인천 구월점 032-233-0708, 남양주 별내점 031-572-7353
안양동편마을점 031-703-7249

**충청지역**
천안 백석점 070-4078-9135, 청주 가경점 043-232-0306, 청주 율량점 043-900-3579
대전 노은점 070-7776-5337, 천안 신방점 041-579-7275, 아산 배방점 041-532-5476
서산호수공원점 041-665-0607, 제천 중앙점 043-642-3106, 세종 나성점 070-8820-8922

**경상지역**
대구 범어점 053-201-0060, 동래 온천점 051-365-1591, 울산 남구점 052-271-1188
울산 성안점 052-248-8671, 창원 남양점 055-263-5662, 안동 북문점 054-852-5662
포항대이점 054-272-6349, 김해 내외점 055-337-5744, 양산 물금점 055-388-3636

**전라지역**
광주 충장점 062-225-5662, 광주 수완점 062-653-2335, 순천동외점 061-900-9965
목포 하당점 061-287-8155, 군산 지곡점 063-468-6338, 전주 송천점 063-278-1088
나주 빛가람점 061-336-6055, 여수엑스포점 061-642-0427

**강원, 제주지역**
제주시 제주점 064-733-5151, 원주 중앙점 033-742-9884

누구나 생각하던 일반적인 '공방'이 아닙니다.

소잉에 필요한 원단, 부재료, 패턴, 서적의 다양하고 풍성한 상품구성 공간!

그동안 눈으로만 봤던 "재봉틀(미싱)"을 샵에서 직접 만져보고 체험 할 수 있는 공간!

본사의 체계적인 관리와 교육을 마스터한 전문강사와 다양한 과정의 수준높은 소잉교육 공간!

눈으로 보고, 손으로 만져보고, 몸으로 체험하는 국내최초 신개념 소잉 복합공간, 소잉DIY 전문 멀티샵 입니다.

심플소잉NCC 대리점은 소잉을 통한 즐거움과 행복으로 더욱 풍성해지고 가치있는 삶을 전해드립니다.

대리점 개설 상담 및 문의
(NCC미싱 사업부) 1644-5662

웹페이지
www.nccmising.com

# Fashion Start

## Clothes D.I.Y Shop

패션스타트는 원단, 부자재, 패턴/서적 그리고 미싱 등
19,000여종의 의상 및 소잉 DIY 상품을 갖추고 있으며,
소잉을 처음 시작하는 분부터 고급 수준의 고객님까지
DIY를 사랑하는 모든 분들과 함께 하고 있습니다.
행복한 소잉의 모든 것, 여기는 패션스타트입니다.

패션스타트의 다양한 상품과 스타일,
그 밖에 특별혜택을 지금 바로
사이트에서 확인해보세요.

www.fashionstart.net   T. 1644-8957

▲ 사이트 바로가기

# Creative Happy Life
## QUILT STAR

### DIY의 모든것
# 퀼트스타 쇼핑몰

퀼트스타는 유와 공식 에이전시로 일본수입원단과 미국수입원단을 판매하고 있으며,
DIY 패키지, 부자재, 서적, 패턴, 미싱을 판매하고 있는 DIY전문 쇼핑몰입니다.
문의전화 : 1644-8755 [도매문의] / www.quiltstar.co.kr

퀼트스타 사이트 바로가기

DIY 패키지

자수패키지

일본/미국 수입원단

부자재

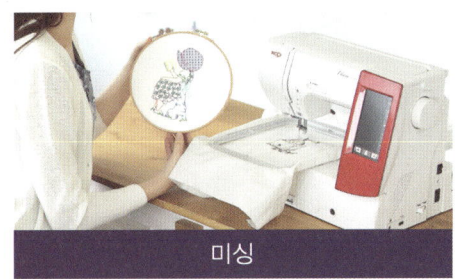
서적/패턴

미싱

# Happy Bears
## Sewing Notion

*For your happy sewing*

## FROM HAPPY BEARS

직접 만들어서 더 의미있는 DIY 작품은 어떤 마음을 가지고 만드냐에 따라서 그 가치가 또 달라지는 것 같아요. 누군가를 걱정하고, 아끼고, 사랑하는 마음을 담아 완성 한다면 그 마음까지 함께 고스란히 전해지는 것이 손으로 직접 만드는 핸드메이드 (HAND MADE)가 아닐까 생각됩니다 :-)

해피베어스 역시 소잉 DIY를 하는 모든 사람들을 위하는 마음을 담아 소잉작업에 필요한 좋은 상품(Product)을 고민하여 보다 더 멋진 작품을 완성할 수 있고, 늘 즐겁고 행복한 작업시간을 가질 수 있도록 가치있고, 실용적인 다양한 소잉 부자재를 기획하는데 노력하고 있습니다.

### 01 작품의 완성도와 품격을 UP↑
**프라임 소잉전용실**

의상, 소품, 홈패션, 미싱퀼트/자수 등 작품 구분없이 사용 가능하며 일반 원단부터 론(아사), 시폰, 수영복원단, 다이마루, 모직 등 다양한 원단을 봉제할 수 있는 멀티실입니다. 코어(CORE)사로 일반 폴리에스테르실에 비해 내구성이 Good! 파인 프라임(53수2합/얇은 원단용), 프라임(45수2합/일반 원단용), 스티치 프라임(29수3합/두꺼운 원단용) 총 3종으로 구성.

SIZE 약 바닥 3 X 높이 5cm
파인 프라임/프라임(400m), 스티치 프라임(200m)
PRICE 2,400~2,600 won

### 02 꽃잎처럼 부드럽고 가벼운
**라라실 (고급 날나리실)**

다이마루, 저지, 수영복 원단 등 스판성 있는 원단을 봉제하거나 퀼팅 작업시 밑실 전용으로 사용하기 좋고, 가장자리 오버록 및 인터록 처리시 더욱 고급스럽게 마무리 할 수 있습니다. 보송보송 부드러운 촉감으로, 아이들 피부에도 자극이 없습니다.

SIZE 약 바닥 3 X 높이 5cm / 100D/2 / 350m
PRICE 2,500 won

### 03 달달한 분위기를 더해요
**마시멜로 무지개실**

실 한가닥에 다채로운 색상이 그러데이션 되어 있어 무척 매력적인 무지개실. 미싱퀼트, 미싱자수, 의상, 소품, 홈패션 등 다양한 작품에 사용할 수 있는 달콤한 멀티실입니다. 일반 무지개실과 달리 실 중심에 나일론사가 들어있는 코아사(코어사)로 내구성 또한 good! 총 10컬러 구성.

SIZE 약 바닥 3 X 높이 5cm / 45수 2합 / 400m
PRICE 2,500 won

### 04 귀엽지만 할일은 다하는
**와이즈 소잉웨이트**

제도, 재단 등의 마름질 작업시 이리저리 움직이는 작업물을 고정해주는 문진입니다. 작은 손에도 쏙 들어오는 그립감과 포갤 수 있는 실용적인 디자인으로 무게감을 더해서 작업할 수 있고, 복수보관할 수 있습니다.

SIZE 바닥 약 5.5 X 높이 약 3.8cm / 무게 약 400g
PRICE 6,000 won

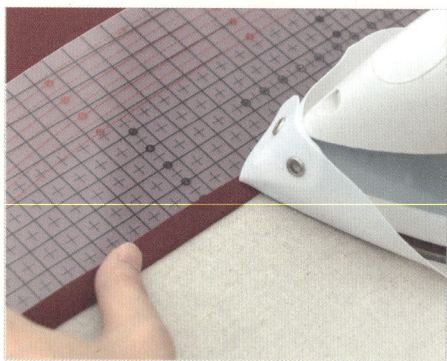

### 05 덕분에 작업시간이 줄었어요
**아이론 시접자**

아이론 시접자는 고열에 녹지 않는 특수 열경화성 아크릴 소재로, 직선, 곡선, 완만한 곡선, 각지거나 둥근 모서리 부분 등 거의 모든 시접 부분을 한번에 손쉽게 다릴 수 있는 스마트한 시접자입니다. 원단을 꺾어 원하는 치수에 재단선을 맞춘 다음, 꺾인 부분을 다려주세요. 2가지 사이즈 구성.

SIZE 약 20 X 10cm / 약 30 X 10cm / 두께 약 0.4mm
PRICE 9,000 / 12,000 won

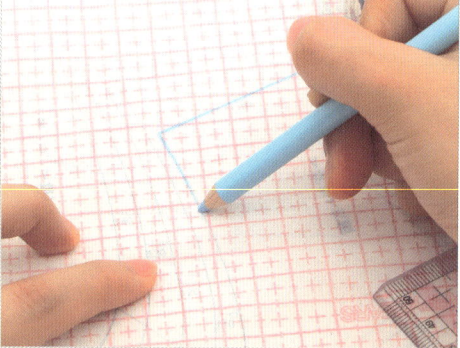

### 06 모눈 디자인으로 더 똑똑하게!
**그리드(모눈) 부직포 패턴지**

흔하지 않는 핑크색 모눈 눈금으로, 선이 선명하며 1cm(굵은 실선), 5mm(십자, 점선)로 표시되어 구분하기 쉽습니다. 눈금이 있어 쉽게 면적 계산을 할 수 있고, 원단 소요량 측정이 가능하며, 깔끔하게 롤로 말려 있어서 퀼트나 의류 패턴 작업 등 다양한 작업 시 편리하고 오래 사용할 수 있습니다.

SIZE 약 폭 50cm, 총 길이 27m(2,700cm)
PRICE 26,500~71,000 won

〈상품구매처〉 패션스타트/ 패션스타트NCC 대리점/ 심플소잉/ 심플소잉NCC 대리점/ 퀼트스타/ 그외 온·오프라인

# NCC 미싱
**Korea Sewing Leading Brand**
대한민국 소잉 대표 브랜드

"소잉 미싱의 새로운 기준"
# 소잉 파이오니아 CC-1877

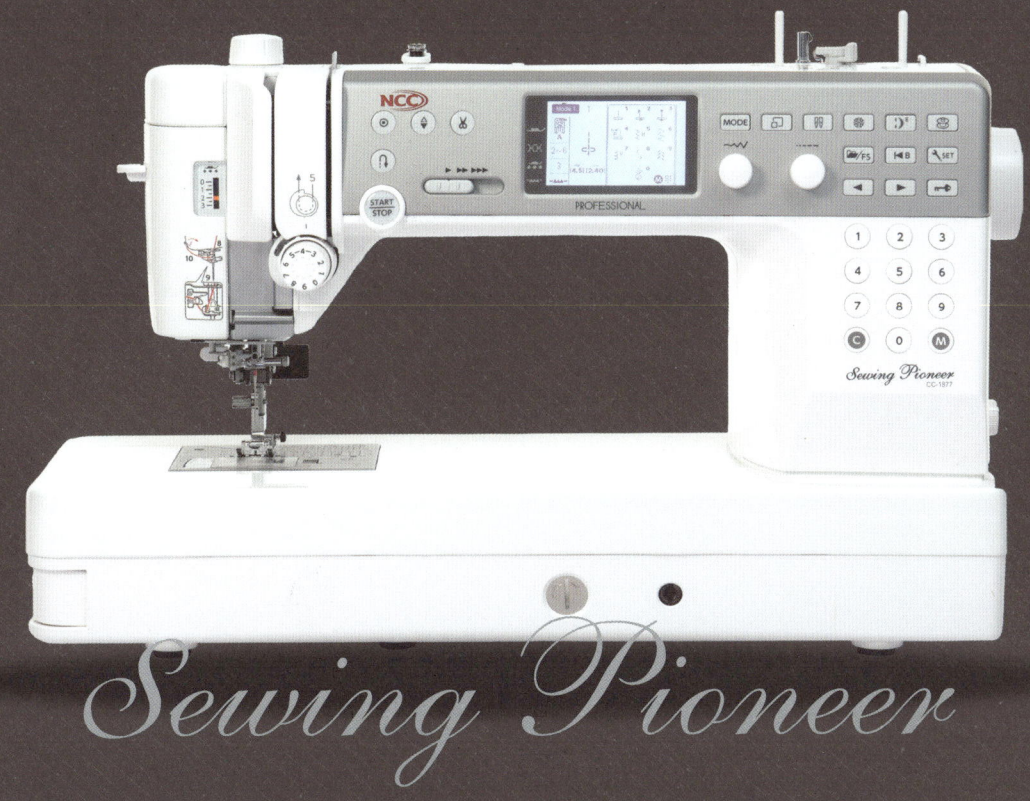

*Sewing Pioneer*

---

제품전체가
**특수합금 통주물 구조**로
제작되어
**뛰어난 힘 & 내구성**

작품 제작 크기에
구애받지 않는
**넓고 편리한 작업공간**

원터치 침판 교체 & "일반, 직선, PRO 전용 침판"을 활용하여 어떠한 상황에서도
**최상의 봉제 퀄리티**를 구현

최고급 "디지털 미싱"의
**다양한 편의기능**
200가지 패턴, 액정표시창, LED 전구, 버튼 & 다이얼 기기조작

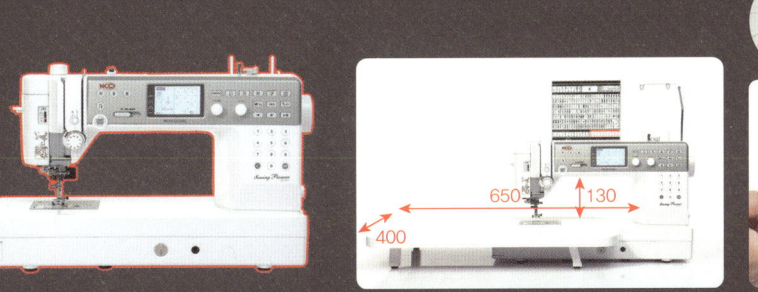

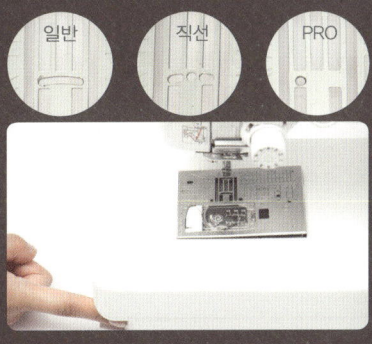

일반 | 직선 | PRO

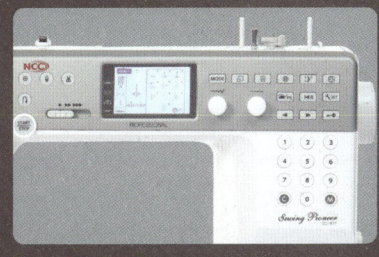

# Sewing Harue
## 소잉 하루에

소잉스토리는 소잉 D.I.Y. 서적을 출간하는 소잉 전문 출판사입니다.
〈소잉 하루에〉 시리즈는 소잉스토리의 대표 개발서적 시리즈로,
각 서적에는 All Color 사진 설명서 / 일러스트 제작 설명서가 들어있어
초보자들도 쉽게 따라 만들 수 있습니다.
각 사이즈별로 그레이딩된 실물크기 패턴도 함께 들어있습니다.

### [no.22] 미네와 함께 하는 우리 가족 소잉 소품과 의상

다양하고 실용적인 소품과 의상들을 소개합니다. 나를 위한 소잉 / 내 아이를 위한 소잉 / 배우자를 위한 소잉의 3가지 테마로 총 39가지의 아이템들이 수록되어 있으며, All Color 일러스트 제작 설명서와 전 작품 실물 크기 패턴, 그리고 소품 제작에 꼭 필요한 지퍼 팁 등 소잉에 필요한 다양한 팁을 소개하고 있어 초보자들도 쉽고 즐겁게 만들 수 있도록 도와줍니다. 우리 가족의 행복한 일상을 만들어 줄 다양한 아이템들을 만들어 보세요.

39작품 수록 / 184쪽
실물크기 패턴 2매(4면) 39종 수록 /
정가 17,000원

### [no.21] 리넨으로 만드는 엄마와 딸의 커플룩 36

엄마와 딸이 함께 입을 수 있는 커플룩을 소개합니다. '데일리 룩', '피크닉 룩', '리빙 룩', '커플 아이템' 4가지 테마의 작품 36종이 수록되어 있습니다. 소잉에 필요한 다양한 팁을 소개하고 All Color 일러스트 제작 설명서가 들어있어 쉽고 즐겁게 작품을 만들 수 있도록 도와줍니다. 나와 아이가 함께할 커플룩을 만들어 소중한 추억을 남겨보세요!

36작품 수록 / 136쪽
실물크기 패턴 2매(4면) 34종 수록 /
정가 16,000원

### [no.13 개정판] 오버록 미싱으로 만드는 핸드메이드 아이옷

오버록 미싱으로 간단하게 만드는 아이옷을 소개합니다. '일상복' / '외출복' / '홈웨어&언더웨어'의 3가지 테마로 총 24가지의 다양한 아이템이 수록되어 있으며, All Color 일러스트 제작 설명서와 전 작품 실물크기 패턴, 아이를 위한 귀여운 액세서리 만드는 법이 담긴 하루에 팁을 소개하고 있어 초보자들도 쉽고 즐겁게 만들 수 있도록 도와줍니다. 우리 아이의 귀여운 옷을 직접 만들어 주세요!

24작품 수록 / 106쪽
실물크기 패턴 2매(4면) 24종 수록 /
정가 15,000원

### [no.20] Man & Kid Clothes 트렌디한 남성복 만들기

이지 캐주얼 스타일의 다양한 남성복을 소개합니다. 티셔츠, 셔츠, 팬츠, 자켓, 소품 등 다양한 아이템들이 수록되어 있으며, 아이와 함께 입을 수 있는 아이템도 수록되어 있습니다. 소잉에 필요한 다양한 팁을 소개하고 사진 제작 설명서와 All Color 일러스트 제작 설명서가 들어있어 쉽고 즐겁게 작품을 만들 수 있도록 도와줍니다. 세상에 하나뿐인 옷을 만들어 소중한 사람에게 선물해 보세요.

29작품(아동 6작품) 수록 / 124쪽
실물크기 패턴 2매(4면) 29종(아동 6종) 수록 /
정가 15,000원

### [no.19] 트렌디한 소잉 DIY 클러치와 가방만들기

트렌디하고 실용적인 클러치와 가방을 소개합니다. 심플한 디자인부터 독특하고 개성 있는 디자인까지 총 30작품의 다양한 아이템들이 수록되어 있으며, All Color 일러스트 제작 설명서와 가방을 더욱 튼튼하게 도와주는 심지의 종류 및 잠금 장식의 소개까지 소잉에 필요한 다양한 팁을 소개하고 있어 쉽고 즐겁게 만들 수 있도록 도와줍니다. 소잉 하루에와 함께 나를 더욱 빛내줄 트렌디한 클러치를 직접 만들어 보세요.

30작품 수록 / 144쪽
실물크기 패턴 2매(4면) 30종 수록 /
정가 15,000원

### 〈소잉 하루에〉 시리즈

[no.10] 매일매일이 행복한 아기옷 바느질
[no.11] 진짜 쉬운 머신소잉의 기초
[no.12 신개정판] 내 손으로 만드는 사랑스러운 우리아이 한복
[no.14 개정판] 마리앤느의 핸드메이드 에이프런
[no.15] 그녀들이 만드는 행복한 홈인테리어
[no.16] 여우꼬리가 들려주는 행복한 자수 소품 이야기
[no.17] 처음 배우는 소잉 가방과 파우치 26
[no.18] 리넨으로 시작하는 여성복 만들기

패션스타트, 심플소잉, 퀼트스타 및 온/오프라인 서점에서 더 많은 핸디스 소잉스토리의 서적을 만나보세요!